닿는 순간
행복이 된다

닿는 순간 행복이 된다

이달희 지음

말보다 따뜻한 몸의 언어 • 터치

예담

차례

추천의글 **인간다움과 힐링, 접촉에서 느낀다** · · · 8
여는 글 **오래 묵은 '접촉'의 기억, 온마음으로 부둥켜안다** · · · 10

터치, 무엇인가
접촉에 관한 시크릿 파일

사랑이, 있었다 · · · 22
왜 접촉할까? · · · 27
마음을 어루만지다 · · · 37
왜 접촉하지 않을까? · · · 41
사람을 살리는 접촉 · · · 52

2 접촉과 마음의 관계
감각 알아차림

손길, 마음 길 · · · 60
감각과 감정, 무엇이 진실인가 · · · 71
마음이 아프니 몸이 아프다 · · · 78
접촉은 왜 손으로 · · · 88

3 밥보다 더 귀한 접촉
접촉의 힘

만지니까 사랑이다 · · · 96
마르지 않는 사랑의 샘 · · · 102
접촉의 마법 · · · 108
만지면 산다 · · · 117
접촉 굶주림 · · · 122
애착 시스템 · · · 128

4 인간관계를 돕는 터치
접촉 소통

닿으니까 마음이다 · · · 136
말로 하는 소통을 넘어 · · · 142
접촉을 그리워하는 사람들 · · · 148
접촉에는 차이가 있다 · · · 156
접촉으로 '바뀐다' · · · 163

5 돌봄을 위한 접촉
치유와 성장을 위하여

접촉이 만든 매듭, 접촉으로 풀다 · · · 174
상처를 아물게 하는 연결 · · · 184
보살핌의 베이스캠프 · · · 193
암도 내 몸이다 · · · 200
기도하듯 접촉하라 · · · 206
몸의 언어 해독하기 · · · 211
나를 어루만지다 · · · 219
접촉의 이별의식 · · · 226

 **접촉의 미래**
본능적이면서 가장 진보적인

접촉의 축제···234
접촉, 오래된 미래···238
손길 되살림···245
접촉의 질감···249
살맞나는 세상···254
적당하게···263
접촉의 울림, 세상을 바꾸다···268

참고문헌·주···274

추천의 글

인간다움과 힐링,
접촉에서 느낀다

이시형 박사
세로토닌문화원장, 힐리언스 선마을 촌장

　접촉과 관련된 심리학적 주제로 심리치료 전문가가 대중적인 책을 낸 건 우리나라에서 처음이 아닌가 싶다. 심리상담가인 저자는 접촉을 통한 우리 모두의 관계회복, 인간의 성장과 치유를 생각하며 집필했다고 한다. 그리고 책의 많은 사례들이 다른 나라 사람들의 사례가 아니라 바로 지금-여기를 함께 살아가는 우리들의 '접촉'에 대한 이야기들이어서 더욱 정이 간다.
　유행하는 질병은 그 시대를 반영한다고 한다. 이즈음 우리나라 사람들에게 두드러지게 나타나는 증상은 우울이다. 그리고 따뜻하게 연결되는 관계를 잘 맺지 못해 자살을 너무 쉽게 선택한다. 여러 가지 이유가 있겠지만 그중 한 가지는 너무 빠르게 서구화된 우리 생활과 양육방식 때문이다. 그래서 겉은 어른이지만 그들 내면에는 아직 어른으로 성장하지 못한 아이가 울고 있다. 어린 시절, 돌봄이 절실하게 필요해 몸부림치며 울 때 충분한 접촉으로 보살핌을 받지 못했기 때문이다.

요즘은 세로토닌이 강조되는 시대다. 행복감을 느끼게 하는 신경전달물질인 세로토닌은 어루만짐의 손길에서 펑펑 쏟아져나온다. 그래서 연인들은 신체접촉이 많아지며 사랑이 깊어가고, 아기들은 어머니의 사랑의 손길과 접촉을 통해 쑥쑥 자란다. 건강한 접촉은 그래서 중요하다.

마음의 상처는 몸에 흔적으로 남는다. 그래서 마음이 아프면 몸도 아프다. 몸을 만져주는 접촉의 행동은 아픈 마음을 어루만져주는 치유의 몸짓이다. 그래서 접촉이란, '인간이라는 동물이 인간답게' 살아가기 위한 기술이라고 《인간의 친밀행동》을 쓴 영국의 동물행동학자 데스몬드 모리스도 말했다.

인간이 본능적으로 접촉하게 되어 있다는 것은 인간이 혼자서는 살 수 없는 존재임을 말해준다. 사람은 접촉을 통해 삶의 장면에 나 홀로 외롭게 존재하는 것이 아니라 누군가와 연결되어 있음을 깨닫게 된다. 사람과 사람의 관계를 통해 성장하고, 자신의 삶의 영역을 의미 있게 확장하게 된다.

병원에서 의사나 간호사들이 환자들과 접촉하는 행위는 신뢰감을 주고 치료에 많은 도움을 준다고 많은 연구자들이 밝혀왔다. 저자의 말과 같이 인간은 건강할 때에는 자신에게 돌봄과 보살핌의 손길이 필요하다는 생각을 하지 않는다. 마음이 아파 휴머니즘·힐링이 떠오르는 키워드가 되어버린 요즘, 어루만짐의 손길을 그립게 만드는 시의적절한 책이다.

여는 글

오래 묵은 '접촉'의 기억, 온마음으로 부둥켜안다

근원적 슬픔 - 접촉, 다시 떠오르다

'접촉'을 주제로 하는 책 출판 제안을 받았습니다. 그러나 한 줄도 쓰지 못하고 몇 달이 흘러갔습니다. 도대체 왜 이런 거지? 힘들었습니다. 첫줄을 어떻게 써야 할지.

아버지라는, 내 마음 속의 큰 언덕 또는 가림막을 거두지 않고선 접촉에 대해서 바로 바라볼 수도 생각할 수도, 한 줄도 쓸 수가 없었습니다. 그만큼 아버지는 내 가슴속에 가두어진 채 묵을 대로 묵어서 아주 시큼하게 곰삭은, 오래된 트라우마^{trauma}였나 봅니다. 아버지는 청춘의 그 시절 나를 속박하고 있던 마음의 짐, 그래서 빨리 벗어나고 싶었던 미움의 대상이었습니다. 하지만 또한 사랑, 그 온전한 자체이기도 합니다. 길고 긴 마음의 그림자를 세상 밖으로 내놓는다는 것은 좀처럼 쉽지 않은 자기 개방입니다. 그래도 매듭과도 같은, 옹이와도 같은 이 접촉에 대한 일화들에 빛을 비추어야만 무의식의 무겁고 어두운 빗장이 열릴 수 있으리란 기대가 있습니다.

 지독한 마음의 병으로 병을 얻어 몸의 많은 부분이 굳어버리면서 언어기능마저 잃어버리신 아버지로부터—그 분 자신의 목소리로—아버지의 생애에 대해서 들어본 적이 없습니다. 그래서 내 기억 속에서 그 분은 '말씀'으로 존재하지 않습니다. 병상생활 중 사랑하는 아들과 가장 많은 시간을 보내셨던 아버지는 내 가슴에 말이 아닌 소리, 이미지, 상징으로 사랑의 부호들을 남겨주시고 하늘로 가셨습니다.

 응급 콜사인이었던 아버지의 절규와 같은 소리가 아직 제 귀에서 메아리처럼 맴돕니다. 안 되는 발음으로 아버지는 오직 내 이름만을 부르시며, 움직일 수 있는 한 손에 들린 브러시로 벽을 두드리셨습니다. 밤새도록. 그 소리는 마치 텔레파시처럼 전해져서 2층 내 방에서 자다가도 아래층 아버지께 달려가곤 했습니다. 미칠 것만 같았습니다. 그래서 청춘의 그 시절은, 숙면을 취할 수 없었던 수많은 불면의 밤들이었습니다.

 보름달이 병실 밖 창문으로 둥둥 떠 있던 어느 날 밤, 휠체어를 타고 그 풍경을 함께 보시던 아버지께서 필담으로 남기신, 아름다운 공감의 정서가 담긴 말은 바로, '달 참 밝다'입니다. 그래서 둥근 보름달은 내게 아버지입니다. 그 한 줄의 기록은 나를 울리는, 내게 있어서 세상에서 가장 아름다운 한편의 긴 서사시와도 같습니다.

 그리고 마침내 임종의 순간, 아버지께선 나를 기다리신 듯, 내가 손을 잡고 '당신의 가장 사랑하는 아들이 왔습니다' 하자, 눈을 크게 뜨고 나를 마지막으로 바라보시면서 숨을 거두셨습니다. 그날은 내 아들의 세 번째 생일이기도 합니다. 아버지께선 나로 하여금 대물림해서 그 사랑을 기억하게 하시려고 했습니다. 아들을 보면 아버지 생각이 나면서 더 열심히 삶을 살아야겠다는 생각을 하곤 합니다.

아버지께서 돌아가신 지 꼭 20주기를 맞았습니다. 이즈음 어느 날 꿈의 한 장면이 너무나 생생하게 남아 있습니다. 아버지의 긴 투병생활이 이어져온 병상에 아버지의 형상은 없고 그 자리는 텅 비어 있었습니다. 침상 옆에는 아버지께 꼭 필요한 두 가지, 변기와 가래를 빼내는 전동 배출기 suction 가 있었지요. 그것들을 누군가가 치우려고 했습니다. '그건 안 돼' 하고 내가 소리치며 막으려 하자, 어머니의 목소리인 듯한 한 사람의 소리가 들렸습니다. "이제 치워도 된다."

아버지는 아프셨기에 돌봄과 보살핌의 손길을 필요로 하셨습니다. 오랜 병상생활 동안 접촉을 통해 사랑을, 말 아닌 말로 가슴에서 가슴으로 전해주셨습니다. 그러다 약손요법의 창시자 이동현 선생님을 통해 약손요법을 체험하는 중 그 어루만짐의 손길에서 아버지의 따뜻한 사랑의 마음을 느끼고 눈물이 났습니다. 그것은 몸을 통해 마음의 그늘에 남아있던 나의 근원적 슬픔과 직면하게 해 준 첫 번째 접촉이었습니다. 그 체험이 내 삶의 방향을 '접촉'으로 향하게 한 나침반이 되었습니다. 그리고 지금까지 내 생애의 많은 부분을, 말과 말 아닌 접촉을 통한 통합적 치유를 위해 살고 있습니다.

원점 - 보살핌의 손길, 기다리다

개인주의가 팽배해진 이즈음 현대사회의 삭막함은, 인간의 친밀함을 확인하게 해주는 접촉 행위조차 경계심을 늦추지 못하고 긴장하게 합니다. 국내외의 가정, 학교, 직장, 대중교통, 그리고 길 위에서 벌어지고 있는 비인간적이고 비윤리적이며, 폭력적이고 공격적인 사건들은, 굳이 어제 오늘의 뉴스 머리기사들을 살펴보지 않아도 될 정도로 이제는 익숙해진 일이 된 것 같습니다. 인간은 이 험악한 상황에 맞춰 적응하며 저마다 보호막을 만들어 둘러치고 타인과의 소통을 차단하며 살아야 할까요? 접촉에 대한 두려움을 가지고 말입니다. 그런 의문이 왠지 서글프다는 느낌으로 바뀌면서 마음 한쪽에서 떠오르는군요.

하지만 접촉이라고 하면, 왠지 사랑이 가득 담긴 어루만짐의 손길이 떠올려집니다. 따뜻한 엄마의 품과 같은 접촉, 그리고 사랑이 가득 담긴 손길을 떠올리며 누군가를 그리워하는 것은 저뿐일까요?

새로운 문화적인 흐름과 경향은 어느 한쪽이 극단으로 치달으면서 균형이 깨어졌을 때 나타납니다. 인간다움, 인간성을 되찾자는 '휴머니즘 힐링 humanism healing'이 요즘 대중 매체 인기 프로그램들의 키워드가 되었습니다. '인간의 접촉 문화'에 대한 복권 움직임이 지구촌 이곳저곳에서 나타나고 있는 것을 의미 있게 바라봅니다.

인간은 건강할 때에는 자신에게 돌봄과 보살핌의 손길이 필요하다는 생각을 하지 않습니다. 성적인 신체 접촉과는 조금 다른 뉘앙스입니다. 접촉이 필요하다고 온몸과 마음으로 느끼는 것은 생존을 위해 자신의 가장 근원적인 부분, 본능의 바탕에 맞닿아 있을 때입니다. 혼자 남겨져 있는 것처럼 외롭고, 견디기 힘들 정도로 고통스럽고, 홀로 이 땅을 딛고 일어서기 힘이 들 때입니다. 유행하는 질병이 그 시대를 비춘다는 말을 곰곰이 생각해보면, 왜 이즈음 휴머니즘, 힐링, 접촉이 떠오르는 키워드인지에 대한 답이 떠오릅니다.

  접촉이라는 생득적인 인간 현상의 속살이 '과학'이란 이름으로 아주 조금씩 드러난 것은 20세기 중엽에 접어들면서부터입니다. 두 차례의 세계대전과 일본 원자폭탄 투하, 한국과 베트남, 그리고 최근에는 중동에서 일어나고 있는 비참한 인간참극의 전장戰場을 인류가 지켜보고 그 피해를 공유하면서 시작된 것이 바로 '접촉'에 대한 연구입니다.
  환경 대재앙으로 지구의 위기상황이 예고되고 있는 이즈음에 다시 가장 인간적인 행위, '접촉'에 대한 관심이 크게 되살아나고 있는 것은, 생명을 가진 존재들이 근원적인 곳에서 본능적으로 살 길을 모색하게 하는 자연의 이치가 아닌가 하는 생각이 듭니다. 길을 잃고 헤맬 때 다시 원점으로 돌아가 주변을 돌아보면 길이 보이는 것과 마찬가지입니다.

소통 - 동서양의 지혜, 만나다

이 책을 준비하며 글을 써내려가던 어느 날 아침 출근길에 버스를 기다리는데, 엄마와 아이가 "계수나무 한 나무 토끼 한 마리" 하는 노래에 맞춰 손을 빠르게 마주치는 우리 전통놀이를 하고 있었습니다. 계수나무는 달에 있고, 달은 내게 아버지인데, 하는 생각에 가슴으로부터 나와 내 주변의 모든 것에 대해 '사랑하는 마음'이 퍼져갔습니다. 우리 주변에는 접촉을 통한 사랑 나눔의 전통들이 참 많구나, 생각했습니다.

이 책은 바로 지금-여기를 함께 살아가는 우리의 '접촉'에 대한 이야기들로부터 출발합니다. 그리고 함께 가고자 하는 목적지는 접촉을 통한 우리 모두의 관계회복, 인간의 성장과 치유입니다. 따라서 많은 부분에서 저의 심리상담과 신체심리치료 장면에서 만난 내담자들의 사례와 생활 속에서 직접 체험한 우리 주변의 이야기들을 통해 이야기의 실마리를 풀어나갈 것입니다.

우리나라를 비롯해서 동양에서의 접촉이란, '인간은 자연의 이치에 따라 순응하며 살아야 한다'는 대물림의 지혜 속에 녹아있는, 삶이며 자연 그 자체였으므로 굳이 따로 연구해야 할 대상이 아니었습니다. 자연을 정복해야 하는 대상으로 바라보고, 산업화를 외치며 물질문명을 앞세우고, 몸과 마음을 이원론으로 분리하던 서양이 연구의 물꼬를 텄습니다. 동양보다 인간에게 접촉이 얼마나 중요한 것인가 뼈아픈 자각을 할 수밖에 없었기 때문이겠죠.

접촉과 '인간다운 삶'에 다시 시선을 모을 수 있게 해주었던 훌륭한 학자이자 연구가들이 새 천년을 맞지 못한 채 세상을 떠났습니다. 미국의 문화인류학자 애슐리 몬테규 Ashley Montagu; 1905-1999, 심리학자 해리 할로 Harry Harlow; 1905-1981, 애착이론의 창시자인 영국의 심리학자이자 정신과 의사 존 보울비 John Bowlby; 1907-1990, 캐나다의 발달심리학자 매리 에인스워스 Mary Ainsworth; 1913-1999, 그들에게 진정으로 감사를 드립니다. 그리고 《인간의 친밀행동 Intimate Behaviour》을 내면서 영국의 동물행동학자 데스몬드 모리스 Desmond Morris; 1928- 가 그 뒤를 이었습니다. '접촉'에 대한 많은 연구들이 그들의 소중한 연구결과들을 바탕으로 지금 여러 부문에서 활발하게 이루어지고 있습니다.

1960년대 이후 심리학을 비롯해서, 인류학, 생물학, 언어학, 영장류 동물학, 고고학, 정신의학의 각 분야에서 몸과 몸의 언어에 대해 많은 연구가 진행되었습니다. 이런 연구 결과로 1990년대에는 말과는 별도로 몸이 어떻게 마음을 표현하는가에 대해 더 많은 지식을 얻게 되었습니다. 서양의 과학은 동양의 지혜와 만나면서 몸을 새롭게 인식하게 되었습니다. 그리고 새 천년 2000년대로 접어들면서 의공학과 신경과학의 발전을 바탕으로 하는 '뇌'에 대한 연구가 비언어적인 메시지의 해석에 비약적인 도약의 발판을 제공해주고 있습니다.

힐링 터치 – 인간성 회복

신체적인 감각의 영역은 본능적이며 원초적인 것이라서 모두가 다 알고 있다고 미루어두고, 드러내면 드러낼수록 아름다움보다는 추함이 더 많을 수 있다고 생각하지 않으셨나요? 이제 그 착각의 오류들이 속속 밝혀지고 있습니다. 오랜 세월동안 다양한 체험들을 바탕으로 구전되어 오던 비언어적 의사소통의 유용한 도구, '신체 접촉'의 강력한 효과들이 이제야 과학의 이름으로 밝혀지면서 어둠에서 빛 속으로 나오고 있습니다. 실험실이 아니라 일상으로 나온 지 얼마 되지 않은, 가장 새로운 과학이면서도 역설적으로는 가장 오래된 연구과제인 몸의 언어와 '접촉'을 색안경을 끼지 않은 맑은 눈으로 바라보고 활용할 때가 되었다고 생각합니다.

프로이트의 제자 빌헬름 라이히가 정신분석에서 정신에 소외되었던 신체에 관심을 기울이면서 서구적인 신체 중심 심리치료법이 생겨났습니다. 제가 하는 치유의 작업도 그와 같은 맥락에서 이어지고 있습니다. 사람의 건강이 전체적인 관점에서 조화를 잘 이루고 있는가, 균형이 잘 잡혀있는가 바라보면서 심리상담과 우리 전통의 '엄마손 약손'이라는 보살핌의 정신을 신체 작업으로 접목하면서 한국형 신체심리치료의 성과들을 조용하게 쌓아나가고 있습니다.

접촉에 대한 풍부한 이야깃거리를 잘 엮어서 우리 현실에서 요긴하게 쓰일 수 있는 하나의 직물로 짜내야겠다는 바람이 있었습니다. 사람이 삶을 살아가게 하는 긍정적인 힘이며 자원이 되어줄 '접촉'을 이야기하자는 겁니다.

 잉태에서부터 발달과 성장, 그리고 임종의 순간까지, 사람의 생애 모든 차원과 삶의 영역에서 우리 인간이 접촉에 의해 어떠한 영향을 받으며 생존해왔는지 우리 주변에서 흔히 마주칠 수 있는 사례들을 통해 알아봅니다. 또한 앞으로 우리 인간이 삶을 풍성하게 하고, 사람과의 관계에서 비롯된 마음의 병을 치유하는 데 접촉을 어떻게 활용해야 하는지에 대해서 함께 이야기해보는 장이 될 수 있기를 바랍니다.

 말로 자기 의사를 표현하지 못하던 어린아이의 몸과 마음에 잘못 그려진 지도는 생명체로서 한 개인의 삶을 혼란스럽게 해, 길이 있는데도 그 길을 찾아 평생 헤매게 합니다. 고려시대 보조국사 지눌스님은 '땅에서 넘어진 자, 땅을 짚고 일어나야 한다因地而倒 因地而起'라고 했습니다. 그러면서 스님은, 어리석음과 깨달음은 다르지만 모두 한마음으로 말미암은 것이므로 마음을 떠나 부처가 되는 것은 있을 수 없는 일이라고 덧붙입니다. 저는 그 말을 이렇게 해석합니다.
 "사람과 사람 사이의 관계, 그 접촉에서 상처 받은 사람의 마음은 오로지 접촉을 통해서만 치유될 수 있습니다."

 제가 그랬던 것처럼, 상처 받은 채 내 안에서 울고 있는 내면 아이를 성장시켜 온전하게 기능하는 사람으로 살아갈 수 있게 하는 데, 보살핌의 '접촉'이 적절하게 활용되었으면 하고 바랍니다. 그리고 우리에게 오래 전부터 있어왔지만 흔해서 소중하게 생각하지 못했던 전통적인 '접촉'의 방식들을 다시 바라보고 거기에서 문제들을 풀어나가는 '접촉의 복권'을 모색해봅니다.

 지루한 집필기간 동안 따뜻한 마음으로 나를 어루만져주며 책을 기다려준 사랑스런 아내와 책을 낼 수 있도록 잘 이끌어준 위즈덤하우스 박지수 선생께 감사드립니다.

2012년 가을
이달희

둘이고 여럿이더라도 하나임을 느낄 때가 있다.

무엇인가 새롭게 창조되는 순간에 바로 그런

한마음, 한뜻이 있다.

대자연과 인간이 교감하는 바로 그 순간.

접촉으로 연결된 바로 그 순간.

하나의 심장으로 뛰는.

터치, 무엇인가

접촉에 관한 시크릿 파일

사랑이, 있었다

누구나 접촉의 기억을 안고 산다

어느 날 낮 시간에 라디오 방송을 들으며 운전할 때였습니다. 그 프로그램 진행자가 이렇게 말하더군요.

"아내들이 가장 행복감을 느꼈을 때가 어떤 때인가 묻는 설문조사가 있었습니다. 많은 응답들 중에서 첫 번째가 무엇인지 아세요? 그것은 바로 '설거지를 하고 있는데 남편이 뒤에서 안아줄 때'였다는군요. 그렇게 생각하세요?"

아, 그렇구나. 뒤에서 부드럽고 포근하게 감싸 안아주는 손길. '사랑의 접촉이군', 내 입에서 불쑥 이런 말이 나왔습니다. '사랑'이라는 정신적인 요소가 '접촉'이라는 신체적인 작용과 만나서 놀라운 상승작용을 일으키는 것입니다. 하나와 하나가 만나 둘 이상의 상승효과를 내는 것, 이런 것을 시너지 효과 synergy effect 라고 하지 않습니까.

충전기를 꽂으면 방전되었던 휴대폰 배터리가 급속충전되는 모습과도 같이 긍정의 에너지로 채워졌던, 접촉 체험에 대한 추억들이 있습니다. 내게는 아주 짧은, 순간의 일이었지만 내 삶이 계속되는 동안 영원할 수도 있는.

 사랑하는 사람과 마주 앉아 미소를 얼굴 가득 담고 말없이 눈만 바라보다가 처음 마주잡았던 손, 날카로운 첫 키스의 당혹스러움 혹은 황홀함, 그 가슴 두근거림을 기억합니다. 아름다운 접촉에 대한 추억의 흔적들을 따라가면 더 멀리 갑니다. 우리가 정말 아프고 힘들고 어려웠을 때 엄마만은, 적어도 엄마만은 우물거리며 수수방관하지 않고 달려와 내 곁에 있어주셨습니다. 열로 펄펄 끓는 내 이마를 짚어주셨고, 무거운 내 어깨를 감싸안고 쓸어주셨으며, 주저앉아 울고 있으면 내 손을 잡아 일으켜주시며 이렇게 말씀하셨습니다.

 "괜찮아, 괜찮아, 다 괜찮아."

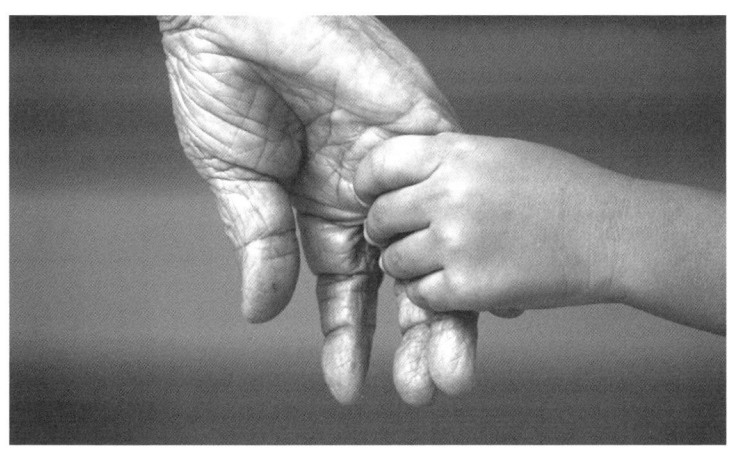

사랑이 담긴 어머니의 그 따뜻한 손길을, 가끔 마음 깊은 곳에 보물 상자처럼 간직하고 있는 기억의 창고 문을 열어 한참 떠올려봅니다. 왠지 흐뭇해져, 굳어있던 얼굴에 부드러운 미소가 가만히 번집니다.

'그래. 내겐 언제라도 힘이 되어주는 엄마가 있다. 그 따뜻한 손길이 있다.'

엄마의 손길은 그래서 떠올릴 때마다 늘 새로운 감동을 주고, 살아가는 데 힘과 위안이 되어줍니다. 진정으로.

진실을 전하는 몸짓

우리 몸에서 내 마음을 들여다 볼 수 있는 창이 '눈'이라고 한다면, 내 마음을 행동으로 옮겨 실천하는 도구는 '손'입니다. 무심코 내미는 손짓에는 내 마음이 담깁니다. 내가 입으로 하고 있는 말이 내 마음의 전부를 이야기하지 못한다고 느껴질 때가 있습니다. 말이 담는 내용의 차원을 넘어서 내 본래의 마음을 전하고자 할 때 말을 넘어선 무엇인가로 내 진실을 드러내고 싶을 때가 있습니다. 그럴 때 나오는 것이 몸짓과 손짓입니다.

내 말에 곁들여져서 마치 열심히 부연 설명하고 있는 것 같은, 이런 비언어적인 의사소통 방식으로 전달하고 싶은 내 속마음의 진실은 무엇일까요? 바로 지금 여기에 있는 나의 감정과 정서입니다.

남편한테 자기 전에 손을 비벼서 배꼽 위에 얹어주었더니 참 좋아해요. 내가 사랑의 에너지를 많이 받았으니까 나눠주는 거야, 이렇게 하는 것 같았어요. 뭔가 많이 채워져 있다는 느낌…… 제가 보기와는 달리 몸과 마음이 지치고 쇠약해져서 '피폐되어 있다'고 느끼고 있었거든요. 제 마음이나 기운이 달리니까 사랑의 마음이 나오지도 않고 행동으로도 당연히…… 그런데 나도 모르게 '나눠주는 거야' 하면서 손이 가더라구요. 놀라운 일이에요. [사례5. 3회차]

선생님께서 제 어깨를 짚어주셨을 때 그런 느낌을 내가 친구한테 전달해줄 수 있을 거다 그런 느낌으로 말없이 손을 잡았더니 그 친구가 제 어깨에 기댔어요. 그때 갑자기 슬픈 느낌이 올라왔고 앉아서 얼굴을 바라보고 머리를 쓰다듬어주었더니 친구가 눈물을 흘리더라구요. 몸으로 전해지는 느낌이 있잖아요. 말이 굳이 없더라도 그걸로 전달되는 에너지가 느껴졌어요. [사례6. 3회차][1]

    신체심리치료 내담자 두 사람이 일상생활 속에서 변화된 자신을 발견합니다. 자신의 마음상태를 공감해주는 사랑의 손길 덕분에 에너지로 충만해진 몸과 마음의 문이 슬며시 열립니다. 그리고 갇혀있던 자기 밖으로 손을 내밀어 자기를 표현하고 건강하게 관계를 이어나갑니다.
    생각과 마음을 나누는 장에서 말을 할 때 무심코 곁들여지는 손짓, 몸짓, 눈짓을 통해 전해지는 '비언어' 메시지는 그 사람의 의도, 속마음을 알 수 있게 합니다. 또한 말로 담지 못하는 무엇인가를 더욱 강조하면서 강화하고자 할 때 도움이 됩니다. '사랑한다'는 말을 듣고, 사랑을 고백하는 문자와 이메일을 받으면 기분이 좋아집니다. 하지만 반복해서 전해지는 사랑의 언어는 더 강하지 않으면 왠지 자꾸만 김이 빠지는 것 같습니다. 나중에는 그 말에 담겼던 감동은 온데간데없고 그저 단어만 오고 또 갑니다. 마음을 온전하게 전달하는 데에는 말은 조금 부족하다는 것을 느낍니다.

사람에게 사랑의 마음을 다시 불타오르게 하는 풀무질은 바로 '접촉'입니다. 그래서 사람을 살고 싶게 해주는 것이 접촉이 지닌 힘입니다. 내가 정말 어렵고 힘들어서 괴로울 때, 이 세상에 나를 이해해주고 내게 힘과 격려와 위안을 주는 따뜻한 손길이 한 번이라도 있다면 외롭지 않고 고통스럽지 않을 텐데 하는, 접촉에 대한 바람이 우리 모두의 가슴에는 있습니다.

사랑의 접촉, 그 그리움을 찾아 떠나는 여행을 이제 출발하려고 합니다. 함께 떠나는 동반자인 당신에게 제가 손길을 내밀어봅니다. 잡아주시겠어요?

왜 접촉할까?

때로는, 돌봄을 받고 싶다

치과에 가는 일은 참 고통스러운 일입니다. 오랜 기자 생활을 하면서 이를 악물고 살았더니 치주가 안 좋아 치과 출입이 잦은 편입니다. 최근에는 잇몸치료와 임플란트를 몇 개 하면서 비용도 많이 들어 부담스럽기도 하지만 연속적으로 맞는 고통의 순간들을 참아내기가 참 견디기 어려울 지경에 이르렀습니다.

친구이기도 한 치과의사는 냉정했습니다. 침착하게 빠른 손놀림으로 시간을 줄여준 건 고마운 일이었습니다. 하지만 불안과 공포의 마음, 평소에 치아관리를 잘할 걸 하는 후회, 좀 부드럽게 해주면 안 되나 하는 불만, 왜 배경음악은 틀지 않는 거야 하는 짜증, 임플란트 비용을 어떻게 갚지 하는 계산 등등 많은 생각들이 온몸과 마음을 긴장시켰습니다. 이윽고 잇몸을 실로 꿰매면서 공포의 작업이 끝나자 간호사가 다가왔습니다.

"힘드셨지요? 아유, 이 땀 좀 봐. 잘 참으셨어요."

눈물까지 찔끔 흘릴 정도로 고통을 참아내느라 내겐 아무런 대꾸를 할 힘조차 없었습니다. 그런 내 반응이 안타까운지 간호사는 이마에 종종 맺힌 땀들을 티슈로 닦아내곤, 턱에 가만히 손을 살짝 대주었습니다. '이건 무슨 느낌이지?' 고통스러운 통증과 그 많은 잡념들이 왠지 뒤로 훅하고 밀려가버렸습니다. 간호사의 자상한 마음이 담긴 '돌봄'을 받고 있다는 생각 때문에 흐뭇해졌습니다. 그 다음부턴 치과 가는 일이 이상하게도 그렇게 고통스럽지가 않더군요. 그리고 이제 한 달 뒤에 오면 되겠다, 하는 친구 의사의 말에 섭섭함마저 느껴졌습니다. 고통 받는 순간, 따뜻한 접촉이 주는 위로와 위안을 몸으로 느꼈던 체험이었습니다.

《인간의 친밀행동》을 쓴 영국의 동물행동학자 데스몬드 모리스는 이와 같은 상태를 '일시적 유아성 증후군'이라고 말합니다. 병에 걸리면 어쩔 수 없이 자리에 드러눕게 되는데, 여기서 건강할 때에는 누리지 못했던 큰 위안을 얻게 됩니다. 고통으로 인해 일시적으로 약해진 사람은 유아적인 심성에서 나오는 신호를 자신을 돌보아줄 수 있는 사람에게 보냅니다. 그러면 돌봄의 손길을 줄 수 있는 직업을 가진 사람—의료인, 몸을 만지는 전문가—의 도움을 받거나, 어머니의 손길을 대신해줄 수 있는 사람의 '일시적 모성'을 체험할 수 있게 됩니다. 이 친밀한 '정情'에서 나오는 이 행위들은 놀라운 치유효과를 발휘하게 된다는 것이지요. 빈틈없이 순수한 마음인 '정성'과 사랑과 친근함의 '정'이 실리지 않은, 그저 그런 기능적인 손길에는 아무런 반응도 일어나지 않을 겁니다.

왜 만지고, 만져지고 싶을까

어느 가을날 아침 출근 버스에서 빈 옆자리에 검은색 하이힐에 짙은 청색의 블루진, 그리고 그 위에 빨간 트렌치 코트를 입은 긴 생머리 미녀가 앉았던 적이 있습니다. 샤워 코롱의 은은한 냄새가 기분 좋게 느껴졌습니다. 게다가 명상에 잠긴 듯 고요하기까지 했습니다. 참 아름답다, 탄성이 절로 나왔습니다.

그날 하루, 에너지 넘치는 하루가 되었겠지요. 그 뒤로는 출퇴근길마다, 혼자 떠나는 장거리 여행을 위해 고속버스와 열차, 비행기를 탈 때마다 기대감에 마음이 설렙니다. 옆자리에 앉게 될 사람은 어떤 사람일까.

접촉이란, '인간이라는 동물이 인간답게' 살아가기 위한 기술이라고 모리스는 말합니다. '인간이라는 동물이 인간답게', 이 말처럼 접촉 행위가 담고 있는 깊은 뉘앙스를 잘 전해주는 말이 있을까 싶군요. 인간의 친밀행위란, 두 사람 사이의 신체적인 접촉을 가리킵니다. 악수를 나누고, 뺨을 마주대고, 등을 토닥이고, 끌어안고, 성적인 접촉을 하고, 몸을 치장하거나 하는 행위입니다. 하지만 접촉에도 친밀감과는 거리가 있는 행위가 있습니다. 받는 사람에게 고통과 불쾌감을 안겨주는 주먹세례와 고통을 주지만 피할 수 없는 외과적인 수술 등을 말합니다. 그의 책 서문에서 이 말이 인상 깊게 남는군요.

"두 사람이 서로 몸을 밀착할 때에는 반드시 무엇이 일어나는데, 내가 이야기하고픈 것이 바로 이 '무엇'이다."

우리 인간은 '무엇'이 일어나길 기대하면서 만지고, 만져지길 바랍니다. 만지는 것은 만져지기도 하는 것입니다. '무엇'을 기대하지 않았는데도 접촉의 그 접점에서 '무엇'이 일어나 변화를 가져오기도 하고 치유되기도 합니다. '접촉을 통한 시너지 효과'가 일어나는 그 때는 바로 나의 내면의 절실한 요구가, 내 삶의 장에서 나를 받쳐주는 모든 채널들이 하나로 모아질 때 그 접점에서 불꽃처럼 '무엇'이 일어날 때입니다. 여기에서의 접촉이란 신체적인 접촉을 넘어서는 그 무엇의 영역입니다.

'인간이라는 동물이 인간답게', 살고자 하는 것이 접촉행동이라고 하는 말에는 동물적인 본능의 속성도 당연히 포함됩니다. '만지고 싶다' '만져지고 싶다'는 접촉본능은 두말할 나위 없이 인간이라는 동물의 영역에 포함됩니다. 그래서 사랑하는 남자와 여자는 서로 만지고 싶어합니다. 성적인 교류를 통해 궁극의 커뮤니케이션을 나누기 위해 거침없이 나아갑니다.

모성을 지닌 어미가 자기 새끼를 낳아 스스로 세상에서 생존할 때까지 먹이를 먹이고 잠자리를 만들어주고, 몸을 손질해주는 행위도 그와 같습니다. 그리고 외부의 적으로부터 자기 무리를 확인하고 보호하기 위해 공격성이 없는 한 무리임을 보여주고 수용받기 위한 우호적인 접촉도 있습니다. 내부 질서를 유지하기 위해 서열을 정하기 위해 벌이는, 신체적 접촉이 동반되는 개별적인 결투 또는 집단 대 개체 간의 몸싸움도 있습니다.

그처럼 '인간이라는 동물이 동물답게' 살아가는 접촉의 행동양식도 있겠지요. 당연한 일입니다. 인간도 동물이기 때문입니다. 하지만 '인간이라는 동물이 인간답게' 하고 있는 신체적인 접촉이 의사소통의 기본적인 수단일 뿐만 아니라 말이라고 하는 언어적 상호작용에 영향을 미친다는 것입니다. 이를 통해 문화가 생겨났고, 이를 통해 충돌도 일어났으나, 인류는 문명을 창조해냈습니다.

동물인 인간에게만 허용된 것이 또 있습니다. 그것은 신앙을 갖는 것, 무엇인가를 숭배하는 의식, 종교행위입니다. 인간의 종교적인 활동에서도 신체적 접촉은 의미를 갖습니다. 세례나 안수기도라고 하는 기독교의 종교의식이 대표적이지요. 종교적인 의미를 지니는 신체적 접촉은 그 역사가 오래되었습니다. 고대에서 왕이나 제사장 또는 영매靈媒는 신의 대리자였습니다. 그들이 병든 환자와 신체적 접촉을 하면 신의 능력이 신의 대리자인 제사장을 통해 전달되어 치유된다고 믿었습니다. 그러한 믿음은 여러 종교 속에 오늘날까지 이어져 내려오고 있습니다.

하지만 인간다움을 느낄 수 있는, 다정함과 애정이 담긴 신체적인 접촉은 우리의 현대 생활 대부분에서 놀라우리만치 사라져가고 있습니다. 인간의 삶을 풍성하게 만들고 건강을 증진시켜줄 수 있는 접촉을 어떻게 발달시키고 어떻게 활용할지에 대해 알려주는 연구들이 뒤늦게 이루어지고 있지만, 아직 신체적 접촉을 제약하는 규칙들이 우리 사회에는 많습니다. 이러한 문화적 상황의 결과로 우리는 다른 사람과의 접촉으로부터 멀어지고 있을 뿐만 아니라, 우리 삶을 확장시킬 수 있는 힘을 가진 접촉으로부터 분리되고 있습니다.

인간이 접촉행동을 하는 이유

인간의 접촉행동은 인간이 혼자서는 살 수 없는 존재임을 말해줍니다. 인간은 사람과 사람의 관계를 통해 성장하고, 자신의 삶의 영역을 의미있게 확장할 수 있습니다. '왜 접촉할까'라는 이 물음에 대한 답으로, 인간의 접촉행동 이유를 정리해봅니다.

사랑과 친밀감 나눔

가장 근원적인 동시에 가장 고귀한 접촉의 이유입니다. 사람은 어떤 대상에게 사랑과 우정이 생기면 가까이 하고 싶고, 만지고 싶어집니다. 그래서 사랑하는 관계나 친밀한 관계에 있는 사람들끼리 서로 손을 잡고, 포옹하고, 키스하거나 어깨 위에 손을 걸치는 등 모든 종류의 신체 접촉은 더 깊은 사랑의 단계로 진행하고 싶은 욕망, 성적인 욕구, 상대방에 대한 다정함, 친절함, 열정, 그리고 소유감을 나타냅니다.

관심 또는 동정심

가까운 사이, 즉 연인이나 친구, 부부 사이에는 간혹 크고 작은 다툼 뒤에 화가 치밀어 오르는 때가 있습니다. 그리고 '더 이상 우리의 만남은 없어' 하며 이별을 선언하고 떠나려는 순간도 있습니다. 그럴 때 상대방이 돌아서는 내 팔을 잡거나 뒤에서 끌어안는다면 마음에 동정심이 슬그머니 올라옵니다. 잘못을 인정하고 내미는 화해의 손짓일 거야, 라며 그러한 접촉을 빌미로 마음을 누그러뜨릴 수 있습니다.

시장 안에서 호객행위를 하는 사람이나, 거리나 지하철 안에서 불편한 몸으로 도움을 청하는 사람이 내미는 손길이 내 마음을 움직이기도 합니다. 어린아이를 키운다면 이러한 방법의 접촉행위가 익숙할 것입니다. 아이들은 엄마의 사랑과 관심을 확인하기 위해서 끊임없이 접촉을 요구합니다. 안아달라고 칭얼거리며 손을 내밀고, 주목받고 싶은 마음에 다리를 안거나 옷을 잡아당깁니다.

보살핌을 통한 치유

인간은 사회적 동물이라 사람과 사람이 연결되어 있는 인적 네트워크 안에 존재합니다. 그래서 사람이 거스를 수 없는 네 가지 고통, 즉 생로병사生老病死의 순간마다 내 곁에는 누군가 나를 돌봐주고 보살펴주는 이의 접촉이 있습니다. 그중에서도 인간의 평균수명을 연장하는 데에는 병든 이들을 치유하고자 애쓴 의료인들의 손길이 있었습니다. 의사들이나 세상에 존재하는 모든 형태의 치료법을 시술하는 제도권 밖의 치유사들이 몸과 마음의 상처를 치유하기 위한 임상장면에서 쓰는 접근법의 많은 유형이 접촉의 형태로 이루어집니다. 치유를 위한 접촉행위들 중에서 어떤 유형은 받는 이가 마음이나 기운이 꺾여 있거나 예민해져 있을 때, 그들을 좀 더 순화시키거나 이완시켜주며 힘을 북돋워줍니다.

앎을 위한 탐색

생애 초기에 보살핌을 잘 받아 안정된 애착이 형성된 건강한 아기들은 세상의 모든 것이 궁금합니다. 아기들은 엄마의 품이 충분히 안전하다고 느껴진 다음부터 새로운 세계를 접촉의 방식으로 탐험합니다. 아이는 주변의 세계를 탐구하고 경험하기 위해 오감을 동원하지만 확인은 손과 입의 촉감을 동원한 접촉을 통해서 합니다. 아이들뿐만 아니라 모든 사람에게 있어서 어떠한 접촉 행위라도 그 안과 밖에는 어떤 형태로든 탐색의 의도와 메시지가 담겨 있습니다.

맹인들은 눈을 뜬 사람이 '본다'라는 개념을 그들의 손을 통해 수용합니다. 의사들은 상대방이 어느 부분에서 고통을 느끼는지, 또는 그곳이 진찰을 받아야 하는 부분인지를 더 잘 알기 위해 접촉을 사용합니다.

믿음과 위안

에너지가 방전되듯, 내 안에 긍정적인 자원이 아무것도 남아있지 않고 고갈된 느낌이 들 때가 있습니다. 이럴 때 누군가와의 접촉으로 연결되어 있다는 느낌은 안전함과 돌봄을 받고 있다는 믿음과 위안의 마음이 들게 합니다. 이러한 때의 접촉은 한 사람에게 삶을 살게 해주는 생명줄, 생명의 안전망이 되어줍니다.

감각체험

사람의 삶은 느낌—자극에 대한 알아차림—의 연속입니다. 사실 사람이 느끼는 모든 감각체험들은 신체 접촉의 연장선상에 있다고 할 수 있습니다. 살맛나는 삶의 구성요소들은 대부분 긍정적인 감각체험, 기쁨을 주는 것들입니다. 감각체험은 신체 감각기관의 접촉으로 이루어집니다. 우리가 누군가와 대화를 나누거나, 콘서트장, 극장, 뮤지컬 공연장의 음악과 영화 장면에서 전달되는 소리를 들을 때는 소리의 파동이 귀 내부의 섬세한 막을 건드립니다. 산 위에 올라 눈앞에 시원하게 펼쳐진 벌판의 아름다운 풍경을 볼 때는 빛의 파동이 눈의 섬세한 망막을 자극합니다. 맛있는 음식이 앞에 놓이면 군침이 돌면서 입맛을 돋우는 후각과 미각 역시 각각 비강과 혀를 건드리는, 음식으로부터 전달되는 냄새와 식재료들의 입자 때문에 발생합니다.

공격

접촉은 사람의 폭력행위에도 수반됩니다. 인간의 공격행위는 타인에게 해를 가하려고 취해진 행동입니다. 하지만 그것이 반사회적인가 아닌가는 행위의 의도성에 따라 달라집니다. 권투와 격투기 같은 스포츠에서의 공격적인 행동은 사회적인 합의에 의해서 용인되지만 상대방이 원치 않는데 이루어지는 성적인 추행이나 학대, 폭력은 용인되지 않는 비윤리적, 반사회적인 공격행위입니다.

이처럼 비록 원치 않는 접촉이 우리 삶에 있을 수 있더라도, 신체적인 접촉 없이 인간은 존재할 수 없습니다. 태어나는 그 순간부터 인생의 마지막 순간까지, 접촉은 인간이 갈망하는 기본적인 욕구 중 하나임에는 틀림없습니다. 이 세상에 태어난 내가 나 스스로를 나타내고, 누군가와 관계를 맺으면서 나의 인성을 형성하고 다듬는 데 필수 불가결한 요소라는 점에서 말입니다.

아하! ••• 접촉 1

접촉의 이로운 점 [2]

1. 연결 – 기본욕구 충족

접촉은 인간의 생존에 있어서 공기·불·물, 그리고 음식만큼 중요한 것이다. 인간의 내면에는 서로 연결되고자 하는 근원적인 갈망을 충족시키고자 타인과 접촉을 추구하는 에너지가 있다.

2. 성장 – 양육행위

인간의 접촉 행위는 인간으로서 발달과 성장을 위한 양육행위이다. 만약 이러한 신체적 접촉을 통한 보살핌을 받을 수 없다면, 그들은 본능적으로 스스로 그것을 찾아 공급할 것이다.

3. 존재 인정 – 일체감

신체적인 접촉은 일체감, 연결되어 하나됨을 느끼게 한다. 간단한 신체 접촉이라도 다른 무리들과 함께 한다는 느낌을 주는, 자신의 존재와 가치를 인정받는 것이다.

4. 쉼 – 진정 효과

거친 마음이 고요하게 안정되는 느낌은 신체 접촉에 의해 가장 일반적으로 체험하는 결과이다. 몸이 이완된 그 순간, 마음도 쉴 수 있게 된다.

5. 돌봄 – 치유 효과

돌보는 이와 환자 사이의 신체 접촉은 병의 치료와 회복에 분명히 도움을 준다. 치유 과정에서 신체 접촉의 중요성에 대해 많은 연구와 교육이 진행되고 있다.

마음을 어루만지다

몸과 마음을 넘어

접촉이라고 하면, 신체적인 접촉, 그중에서도 피부가 맞닿는 그런 체험의 장면이 떠오릅니다. 내 자신이 어떤 대상과 소통하기 위해서는 먼저 맞닿아야 합니다. 맞닿기 위해 다가가는 행위를 '접근接近'이라 하고, 서로 다른 개체들이 서로 맞닿는 지점을 '접점接點'이라고 하며, 서로 하나가 되는 것을 '접합接合'이라 합니다. 몸과 마음이 서로 통해야만 서로 나눌 수 있고, 성장과 발전을 위해 도움을 줄 수 있는 창조적인 현상이 일어납니다.

'접촉'이란 이미 잘 알고 있는 것처럼 서로 맞닿음, 맞붙어서 닿음, 가까이 대하고 사귐이란 뜻이 있는 말입니다. 영어로 가장 가까운 단어는 '터치touch'입니다. 〈옥스포드 영어사전〉에선 이 단어가 가장 긴 지면을 차지하고 있다는군요. 그 뜻을 살펴볼까요.

동사로는 만지다, 건드리다, 대다. 둘 이상의 사물·표면 등이 닿다. 접촉하다, 손상 또는 해가 가게 손대다, (먹다·마시다·쓰다는 뜻으로) 손을 대다, 마음을 움직이다, 감동시키다, 관련되다, 필적하다, 대등하다, 특정한 수준 등에 이르다, 달하다, 관여하다, 함께 작업하다, 스치다. 명사로는 촉각 the sense of touch, 만지기, 건드리기, 손길, (손·몸에) 닿는 느낌, 촉감, 감촉, (마무리) 손질, 마무리, (일을 하는 방식에 따른) 느낌, 솜씨, 기미, 흔적, 약간, 조금.

영어 'touch'에는 없는 의미가, 한자어인 이 접촉에 있습니다. '접'과 '촉'으로 나누어 따로 살펴보면 동양과 서양에서 '접촉'을 바라보는 근원적인 관점이 아주 다름을 굉장히 무게감 있게 느낄 수 있습니다. 잇다, 가까이 하다, 사귀다, 모이다, 모으다, 대접하다, 접붙이다는 뜻을 가진 '접接'은 두 개의 서로 다른 개체가 서로 어떠한 작용의 개입으로 연결된다는 뜻으로 이해하는 데 별 어려움 없이 넘어갈 수 있습니다. 하지만 닿다, 부딪치다란 뜻을 가지고 있는 '촉觸'과의 만남에선 불교의 이론을 빌어 조금 난해한 배경 설명이 덧붙여지지 않으면 그냥 넘어갈 수 없습니다.

'말미암아 일어난다'라는 뜻을 가지고 있는 '연기'설 중 가장 완성된 형태인 '12연기+二緣起'란 불교의 근본교리 가운데 하나입니다. 왜 사람은 태어나서 늙어가고 병이 들며 죽어가야 하는가에 대한 생각으로 마음이 시달려서 괴롭고 고통스러움을 12가지 인과관계를 풀어서 말해주고 있습니다. 접촉은 여섯 가지 감각기관인 눈·귀·코·혀·몸·마음이 물질·소리·냄새·맛·접촉·생각이라는 외부 환경을 만났을 때 인식작용이 발생하는 여섯 가지 접촉六觸을 말합니다. 고통에서 헤매지 않으려면 여섯 가지 감각기관을 알맞게 제어하고 나쁜 환경에 접촉하지 말아야만 한다고 이끌어주고 있습니다.

기원 전 1세기부터 전해 내려온 초기 불교의 경전《아함경 阿含經》에서 언급하고 있는 '접촉'에 대한 해석을 보면 감탄사가 나옵니다. 생리학적인 감각의 지각과정을 통한 느낌의 발생, 알아차림, 고통으로부터 벗어날 수 있도록 이끌어주는 심리치료에서의 핵심요소, 그리고 문화적인 전이현상까지 그대로 담겨 있어 마치 현대 심리학 이론의 뿌리를 보는 것만 같습니다. 말뜻으로 풀어본 접촉이란 단어에는 이렇게 깊은 뜻이 담겨 있습니다.

감칠맛 나는 접촉행위의 우리 말

우리가 쓰는 한글 표현 중에서 신체적인 접촉을 은유적으로 표현하는 예를 들어보면 '몸으로 느낀다' '마음에 와닿는다' '마음이 상하다' '청중을 사로잡다' 등이 있습니다. 신체적인 접촉이 우리 인간의 소통 방식 가운데 가장 근원적인 형태라는 것을 말해주는 겁니다. 신체적 접촉을 통해, 타인에게 나의 정서적인 반응이 잘 전달될 수 있습니다.

접촉의 행위와 관련된 우리말 표현은 감각과 지각현상을 다루는 여느 우리말처럼 어쩜 그렇게 섬세하게 그 촉감의 차이를 생생하게 드러낼 수 있을까요. '만지다'라는 접촉행위의 표현에도 '잘 가다듬어 손질하다'는 뜻인 '매만지다' '가볍게 주무르듯이 자꾸 만지다'는 뜻인 '만지작거리다', 그리고 '가볍게 쓰다듬으며 만지다' '위로하여 마음이 편하도록 하여 주다'는 뜻을 가진 '어루만지다'가 있습니다. '남의 약한 점을 따뜻이 어루만져 감싸고 달래다'는 의미가 있는 우리 말 '다독이다'도 비슷한 정서를 담은 말입니다.

'어루만지다'는 표현은 만지는 행위의 주체자가 그 대상이 되는 이에게 내민 그 손길에서 사랑의 정서와 마음이 듬뿍 적셔져 있음을 느끼게 하는 말입니다. (영어로는 stroke가 '쓰다듬다, 어루만지다, 달래다'라는 뜻을 가지고 있습니다.) 그러니 남녀가 사랑을 나눌 때의 접촉 행위를 일컫는 한자어 '애무愛撫'를 번뜩 떠올리는 분도 계실 겁니다. 하지만 그 말뜻에 담긴 감각적 느낌은 뜨거움보다 오히려 따스함입니다. 그 따스한 마음이 담긴 '어루만지는 손길'은 다분히 치유적입니다. 여기서 제가 '치유적'이라고 강조하고 있습니다. 대상의 몸에서 나타난 어떤 증상의 해소만을 목적으로 하는 의료적 치료행위로서의 접촉과는 다르다는 것을 구별하고자 함입니다.

어루만지는 그 손길은, 대상의 몸에 드러나거나 몸속 드러나지 않은 상처의 흔적마저도 안타까워하는 연민의 마음으로 이해하고 받아주는, 따뜻한 공감의 손길입니다. 아픔으로부터 벗어날 수 있도록 힘이 되어주는, 든든한 돌봄과 보살핌의 손길입니다. 그래서 진심을 담아 어루만지는 그 한 번의 손길이 어쩌면 백 마디 아름다운 말보다 더 큰 힘이 되어주는지 모르겠습니다.

왜 접촉하지 않을까?

'나'만 존재하는 세상

아직 우리나라 어디를 가든지 신체적인 접촉에 대해서 무감각한 듯 보이긴 합니다. 거리에서 이동하면서, 엘리베이터·에스컬레이터·계단·복도를 오르내리면서, 그리고 대중교통 안에서도 타인에 대한 배려가 너무 부족하다는 느낌입니다. 예사롭게 툭툭 부딪치고 지나갑니다. 그러면서도 미안하다는 말 한마디, 눈짓 한 번 주지 않습니다. 여럿이 함께 공유하는 공공의 장에서도 타인의 불편함을 배려할 줄 모릅니다.

타인은 의식되지 않고 자기 혼자 또는 그들 무리만이 그들의 영역에 존재한다고 생각하는 모양입니다. 그들은 공공의 장도 개인의 공간이라고 아마도 착각하는 듯합니다. 그러니 함부로 하는 걸까요? 지하철 안에서 핸드폰으로 수다 떠는 것은 예사요, 담배를 피우고, 개똥까지 누게 하더니 이제는 사람이 엉덩이를 드러낸 채 큰 볼일까지 치렀다는 해괴한 소식을 듣고 어안이 벙벙해집니다. 자식이 부모를 죽이고,

학생이 교사를 폭행하고, 웃자란 초등학생이 서른이 다 된 여성을 성추행하려고 달려들고 있는 우리나라 상황과 자신에게 모욕을 주었다는 이유로 총기를 휘두르며 집단 살육을 하는 서양이 다른 바가 무엇이 있을까 하는 생각입니다. 데스몬드 모리스가 말한, 우리 안에 갇혀 발작하는 동물과도 같은 게 지금 우리 인간의 모습입니다.

이렇게 발작하는 인간들이 이곳저곳에서 공공질서를 무너뜨리고 나와 내 가족, 우리 이웃들을 해치는데도 누구도 그들에게 다가가서 준엄하게 꾸짖어 나무라며 훈육하는 이가 없습니다. 이 시대의 위태로운 청춘들에게 그런 훈육의 말이 먹힐 수 있는, 저절로 고개가 숙여지는 위인이 어딘가에 있기를 진정으로 바래봅니다.

흩어져버리거나, 주저앉거나

공연한 접촉으로 모욕을 당하거나 피해를 보지나 않을까 두려운 마음에 낯선 이와의 접촉이 꺼려지는 것이 사실입니다. 그래서 접촉을 차라리 안 하는 것이 나를 보호할 수 있는 유일한 방법이라고 생각하는 이들도 있습니다. 총체적으로는 시스템의 문제입니다. 장기적인 안목을 가지고 우리가 현재 어디에 머물고 있으며 어디로 가야 하는지, 우리 모두가 보편적으로 행복하고 풍성한 삶에 이르려면 어떻게 해야 하는지에 대한 모색과 합의가 없다는 것이 문제이기도 합니다. 그리고 인간다운 삶을 위한 진화와 발전이란 우리 것의 기본됨을 제대로 알고 '우리화'되는 게 우선입니다. 그러기도 전에 서구적인 삶의 양식과 개별화된 행동양식으로 겉으로만 웃자란 아이들이 위태로

위 보이기만 합니다.

심리상담의 장에서 가끔 우리 현실에 발을 딛지 못하고 '자아 팽창 ego-inflation'되어 있는 내담자를 만나곤 합니다. 이들은 겉으로 덩치도 크고 외모도 뛰어나며, 이상도 아주 높고 사회적으로도 전문직에서 빠른 성취를 얻었지만, 개인지상주의에 빠져있거나 공허감을 느낍니다. 또한 대상이 불분명한 분노가 심하며 중독가능성이 있습니다. 이들을 보면 공격받는 위급한 상황에선 고슴도치처럼 몸을 부풀리는 작은 동물들과 같다는 생각이 듭니다. 열등감을 보상하려는 듯 보이는 이들의 자아 팽창은 요즘 젊은이들의 내면에 꽉 채워지지 않고 텅 비어 있는 마음을 보는 것만 같습니다. 혹은 터져서 흩어져버리거나, 주저앉거나.

이 선, 넘어선 안 돼

개인에게는 자신의 영역이라고 여기는 공간이 있습니다. 집에선 자신의 집, 방, 책상처럼 보이는 공간도 있지만 보이지 않는 공간도 존재합니다. 이런 영역 의식이 가장 크게 작용하는 곳은 몸입니다. 누가 내 몸을 만지면 몸을 움츠리거나 한발 뒤로 물러나면서 자기 신체를 보호하려고 합니다. 우리는 몸의 연장선상으로서의 개인공간을 지닙니다. 눈에는 보이지 않지만 자기 신체 주위에 이 선까지는 괜찮지만, 이 선을 넘어서는 안 된다는 경계선을 갖는 것이지요. 이런 공간을 '개인공간 personal space'이라고 합니다.

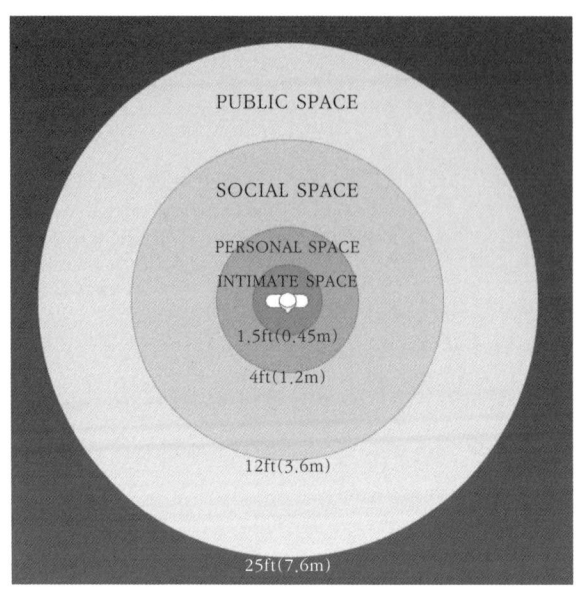

개인의 반응 거품, Edward T. Hall, 1966.

이 개인공간이라는 개념은, 미국의 인류학자 에드워드 홀Edward T. Hall 이 1966년에 낸 그의 책 《숨겨진 차원The Hidden Dimension》에서 언급했습니다. 그의 말로 표현하자면, 개인공간이란 미묘한 문화적 규칙에 따라 타인과의 물리적 거리를 유지하고자 하는 개인을 둘러싸고 있는 주관적 차원입니다. 그 둘레는 사회적 공간, 공공의 공간으로 확장되어 갑니다.

개인공간은 자신의 신체를 중심으로 보이지 않는 원 또는 타원형으로 되어 있다고 합니다. 개인차가 있긴 하지만 외향적인 사람은 개인공간이 비교적 작고, 내향적인 사람은 크며, 여성보다 남성의 개인공간이 신체를 중심으로 전방의 공간이 넓은 타원형이며 더 크다는군요. 따라서 낯선 남성에게는 너무 가까이 다가가지 말고, 정면으로 다가가는 것보다는 옆으로 다가가는 것이 경계를 덜 받는다고 합니다.

개인공간에 누구나 출입이 금지되는 것만은 아닙니다. 호감을 가지는 사람에게는 출입이 허용됩니다. 따라서 상대가 얼마나 호의를 가지느냐에 따라 그에게 다가갈 수 있는 경계가 설정됩니다. 상대와의 대인거리도 무의식중에 결정되고요. 만일 상대가 이 규칙을 깨뜨리려 하면 간격을 넓힌다든지 방향을 바꿈으로써 공간을 유지하려고 합니다.

이 공간은 획일화될 수 없으며 각 나라의 문화적 차이와 개인의 차이에 따라 당연히 다를 겁니다. 개인 공간은 범위가 고정되어 있는 것이 아니어서 늘어나기도 하고 줄어들기도 합니다. 다만 홀의 연구에 따르면 친밀한 관계일 경우, 45cm 정도였습니다. 홀은 다음과 같이 네 가지 친숙도를 구별하고 있습니다.

1. **말이 필요 없는 거리** 밀착하여 서로 애무할 수 있는 거리. 상대방의 체온을 느낄 수 있는 '말이 필요 없는' 거리이다. 사랑을 속삭이는 부부나 애인이 가지는 거리이다. 0~15cm.

2. **부부, 연인의 거리** 한쪽 손을 뻗으면 상대편에게 닿을 수 있는 거리. 춤을 같이 추고 있는 거리. 연인이나 부부가 친밀한 대화를 나눌 수 있는 거리. 제삼자가 끼어들 수 있는 여지는 없다. 15~45cm.

3. **관계를 의심받는 거리** 간단히 상대방과 닿을 수 있는 거리. 부부나 연인이라면 부자연스럽지 않지만 그렇지 않은 사이에서는 불쾌감, 긴장감을 불러일으키는 미묘한 거리이다. 45~75cm.

4. **친구 사이의 거리** 서로가 손을 뻗으면 닿을 수 있는 거리. 친구 사이의 거리. 이 이상 떨어지게 되면 공적이고 형식적인 의사소통의 의미가 강해져 성 의식도 약해진다. 75~120cm.

내가 누구인지 모르니까

지하철이나 버스와 같은 대중교통, 극장, 음식점과 같은 곳에서 다른 자리가 텅 비어 있는데도 낯선 사람이 옆에 바짝 다가와 앉으면 불쾌감을 느끼게 됩니다. 물론 마음속으로 호감을 느낄 수 있는 사람이 앉는다면 얘기는 달라지겠지만요.

경북대 심리학과 최광선 교수의 《몸짓 속에 숨겨진 마음의 비밀》이란 책에 재미있는 심리학 실험 사례가 있더군요.

> 공중전화 박스에 최대한 몇 사람이 들어갈 수 있는가를 알아보는 실험이 텔레비전에서 방영된 적이 있다. 먼저 리허설을 통해 몇 사람이 들어갈 수 있는가를 조사하고 얼마간 휴식을 취한 뒤 본 실험에 들어갔다. 막상 본 실험에서는 리허설 때의 3분의 2 인원밖에 전화박스에 들어갈 수가 없었다. 그 이유는 휴식 시간에 피험자들이 서로 인사를 나누며 개인적인 친분을 맺었기 때문이다. 서로를 알게 되니까 신체접촉에 대한 저항감이 생겼던 것이다. 즉, 서로 모르는 사이에서는 여성을 껴안을 정도로 꼼짝 할 수 없는 상태를 즐길 수 있다 해도, 서로 누구인가를 알게 되면 익명성이 사라져 신체접촉을 꺼리게 된다.

내가 누구인지 모른다고 생각하는, 익명성 anonymity, 匿名性이 과감한 접촉을 시도하게 만든다는 겁니다. 얼굴이나 신분이 알려진 연예인들이나 공직자들은 많은 사람들이 있는 자리에서 말과 행동에 제약을 받습니다. 자신의 말 한 마디나 행동 하나가 금방 화젯거리가 될 수 있으므로 타인의 시선을 많이 의식할 수밖에 없는 것이지요. 하지만 보통 사람들은 자신이 누구인지 다른 사람들이 알지 못하므로 행동에 구속을 받지 않습니다. 그런 익명성은 가끔 비합리적인 행동의 원인이 됩니다. 요즘 시리즈로 화제가 되고 있는 '지하철○○녀' 같은 행동들이 그 예입니다.

그러니 젊은 남녀들이 신체를 드러내는 옷을 입고 관능적으로 춤을 추며 과감하게 신체 접촉을 시도하면서 어울리는 댄스 클럽 같은 곳에선 당연히 자기를 감춥니다. 그런 만남의 장소에서 부킹으로 만난 상대의 정확한 신상을 파악한다는 것은 어려운 일이겠지요. 이와 대조적으로 자신의 개인정보가 사전에 공개되어 있는 공식적인 중매의 첫 번째 맞선 자리에선 말과 행동이 경직되게 마련입니다. 이런 자리에서 신체적인 접촉이란 의례적인 인사 수준을 넘어서긴 어렵습니다. 선남선녀가 만남을 거듭하면서 친밀한 관계가 된 다음에는 빈번한 신체접촉을 즐기게 되겠지만요.

개인공간에선 남을 의식하지 않는 이들

어깨가 조금 넓은 편입니다. 그렇다고 요즘 젊은 친구들보다는 큰 편도 아닙니다. 개인공간의 거리는 앞에서 언급한 바와 같은데, 우리나라 사람들의 평균체형이 커졌으니 대중교통의 의자 공간이 당연히 좁다고 느껴지게 마련입니다.[3]

좁으니 옆 사람과 몸의 많은 부분이 밀착됩니다. 얼마 전 일을 돌이켜보면 그렇게 불편함을 못 느꼈는데 요즘 부쩍 신경이 날카로워진 까닭이 있더군요. 요새 누구나 갖고 다니는 전자 통신 기기들이 문제입니다. 스마트폰, 스마트패드 말입니다. 이런 첨단문명의 이기는 우리 인간이 언제 어디서든 세상의 모든 정보들이나 대상과 접속할 수 있게 해줍니다. 그리고 틀림없이 요긴한 물건이기는 한데 누군가에게는 불편함을 주는 애물이기도 합니다. 요금 제한 없는 카톡을 하느라, 게임을 하느라 쉴 틈 없이 자판을 눌러대며 손을 움직이니 팔의 잔 근육들의 꿈틀거림이 옆에 접촉해 있는 이의 온 몸으로 전달되는 겁니다. 갇힌 듯 밀착된 공간에서 옆 사람의 손놀림, 그 미묘한 움직임이 주는 불쾌감은 이루 말할 수 없습니다.

아무튼 아직 버스의 용적률을 키워 자리를 넓히기에는 어려운 사정인 것 같아, 버스에 올랐을 때 선택의 여지가 있다면 되도록 적당한 몸집을 가진 승객 옆자리에 앉으려고 합니다.

접속하지 말고 접촉하라

●

그런데 하루는 이 평범한 범부의 환상이 깨지는 일이 생겼습니다. 집으로 향하는 버스에 오르자 핸드폰을 귀에 붙이고 있던 한 명의 가냘픈 아가씨가 눈에 들어왔습니다. 옆에 살그머니 앉으면서 미소가 살짝 떠올랐습니다. 그녀의 핸드폰 속 대화가 은근히 길어지더군요. 들으려고 하지 않았으나 다 들리고만 그녀의 핸드폰 대화 내용이란, 일상생활 속 그저 그런 내용. 긴 시간이 흘러 통화가 끝났습니다. 그러더니 핸드폰으로 대화를 나눌 새로운 사람을 찾아 또 전화, 또 전화, 그러기를 1시간 30분. 내가 내릴 정류장까지 오는 내내 전화를 하고 하더군요. 이런 몰상식한 사람이 있나, 하고 중간 중간 무어라 한

마디 따끔하게 혼을 내줄까 하다 망신만 당하지 싶어 심호흡을 하며 그 마음을 누르고 있었습니다. 이윽고 내려야 할 정류장에 이르러 문이 열리자 그 버스에서 탈출하듯 뛰어내렸습니다.

몰상식한 그녀를 떠올리며 누군가와 잠시라도 접속하고 있지 않으면 불안해지는 요즘 젊은 세대의 특징적인 병리현상을 생각해봅니다. 그것은 한마디로 '접속 중독 connectivity addiction'입니다. 온라인 세상에서 그물망처럼 얽히면서 접속되어 있으니 나와 남의 경계가 없어지고 서로의 사생활을 들여다보고 서로를 존중하고 배려하는 마음이 없어지고 있는 것은 아닐까. 그리고 그 네트워크 속에서 한 순간이라도 누군가와 연결되어 있지 않으면 그룹에서 소외되고 타인으로부터 버림받지 않을까 하는 불안감이 그러한 습관적 중독행위에 빠져들게 하는 건 아닐지.

얼마 전 입적하신 법정 스님은 《일기일회―期―會》라는 책에서 '접속하지 말고 접촉하라'고 하셨습니다. 컴퓨터 모니터와 핸드폰을 일컫는 '사각의 창'을 들여다보며 사람들과 온라인 세상에서 접속하려 하지 말고, 얼굴을 서로 바라보면서 함께 느끼고 대화하며 접촉하라는 뜻인 게지요.

생활의 도구일 뿐인 '그것'에 종속되어 살다보니 삶의 주체이자 본질인 자기 내면의 목소리에는 귀 기울일 줄 모릅니다.

누에고치처럼 자기만의 공간에 머물려고 하는 '코쿤Cocoon족', 디지털 기기를 사용하면서 대화를 하지 않는 '디지털 무언족無言族'이란 신조어도 생겨났습니다. 이들이 디지털 상에서 나누는 대화는 주고받는 쌍방향성이 아니라 일방향성으로, '내 할 말은 이것'이라는 듯 문자로 이야기를 던져 놓을 뿐입니다. '나는 할 말을 다했다'는 식으로 행동하면서 책임을 지지 않는 개인주의적 대화법입니다. 서로 얼굴을 보면서 나누는 대화가 서로를 잇는 '선'과 같다면 디지털 무언족의 문자 대화는 수많은 '점'들이 불연속적으로 퍼져 있는 형태와 비슷합니다. 이 때문에 짧은 시간에 효율적으로 대량 의사소통이 가능하며 이를 즐기기도 하지만 '군중 속의 고독'을 느낄 개연성도 커진다는 우려가 있습니다.

또한 기다리지 못합니다. 클릭만 하면 정보가 바로 나오니 사람들이 무엇이든 즉석에서 해답을 찾으려 합니다. 참을성, 인내심이 없어지니 깊이 생각하지 못합니다. 조금이라도 늦게 반응하면 화를 내고, 욕을 해대고, 집어 던지고, 주먹을 휘두르고, 흉기를 들이댑니다. 마음속에서 걸러지지 않고 바로 튀어나오는 생각이나 행동을 즉흥적으로 쏟아내고 행동해버립니다. 결과는 아주 무섭고 위태롭습니다.

온라인 세상에서 접속하는 대상과는 왠지 진득함을 못 느끼는 건조한 관계입니다. 누군가 명확하지도 않은 대상들에게 '나'를 보여주고 알리기 위해 무엇인가 표현하고 있습니다. 필요에 의해서 타인의 발자취를 흘낏 들여다보고 흔적을 남기기도 하고, 익명으로 누군가의 마음에 상처를 주기도 합니다. 온라인 세상의 가면을 쓰고 남의 눈의 티끌을 찾아 흠집을 내는 말과 글을 남기지만, 정작 자기 눈 안의 전봇대는 들여다보지 못합니다. 나는 상처 받으면 절대 안 되지만, 누군가에게는 손톱을 날카롭게 세우고 가혹하게 긁어댑니다.

이처럼 온라인 세상에서의 접속에 익숙해진 이들은 일상생활에서도 경계를 건강하게 유지할 줄 모르고 경계혼란 속에서 가상세계와 현실을 착각하며 삽니다. 온종일 누군가와 접속하고 있다고 하더라도 그 대상과 친밀함은 이루어지지 않습니다. 그러니 버스에서 내내 핸드폰으로 쓸데없는 말들을 중얼거리듯 읊조리던 그녀가 전화를 끊으면서 하는 말이, "만나자. 만나서 얘기하자"이죠. 우리에게 필요한 것은 아이디와 패스워드를 치고 '로그인 log in'하는 접속이 아니라 나를 온전하게 드러내며 대상과 진심으로 마주하는 '접촉'입니다.

이런 깨달음 때문에, 요즘 뜨고 있는 심신치유 프로그램을 운영하고 있는 몇몇 시설에선 아예 핸드폰과 인터넷이 불통이 되게 해놓았습니다. 그리고 어떤 곳은 아예 전기도 안 들어오는 곳에 있고, 또 어떤 곳에선 방에서 하늘의 별과 달과 흘러가는 구름들을 볼 수 있도록 천장 창을 뚫어놓았습니다. 자기 내면의 자아와의 접촉을 위해서, 그리고 우리가 그 품 안에 머물고 있지만 내가 주인이라고 생각하던 '자연'과 온전하게 마주하고 접촉할 수 있도록 말입니다.

사람을 살리는 접촉

보살핌과 어울림

미국의 심리학자인 셸리 테일러Shelley E. Taylor 교수는 스트레스에 대한 인간의 대처 반응으로 인정받던 이론인 '투쟁 또는 도피Fight or flight' 이론을 뒤엎고, 보살핌을 통해 서로 간의 유대를 강화함으로써 스트레스 반응을 효과적으로 조절한다는, '보살핌과 어울림tend-and-befriend' 이론을 내놓았습니다. 그는 위협적인 사회적 환경을 '먹기 아니면 먹히기'의 고독한 정글로 묘사하고 있음에 거부감을 느꼈습니다. 그의 연구 결과는 인간이 동물이 아니라 인간답게 사는 방법에 대한 새로운 대안이 될 수 있다는 생각이 듭니다.

그의 책《보살핌: 너와 나를 묶어주는 힘 The Tending Instinct》에는 앞서의 내용과 같이 개인 간의 연결이 급격하게 무너지고 있는 우리 사회에 대한 우려가 담겨 있습니다. 이러한 경향은 심리적, 사회적 병리현상의 증가를 수반하며 부분적으로 사회적 유대의 감소와 연관이 있다고 합니다. 그 예로 미국에서 지난 30년 동안 자살률이 2~3배 증가했는

데, 특히 젊은 남성의 자살률이 급증했고, 여성 우울증은 심각한 수준으로 증가해서 여성 7명 중 1명 꼴로 일생 동안 우울증을 앓는다고 합니다. 사회적으로 다른 이들과 연결되어 있다는 느낌의 감소, 더욱 위험해진 사회적 환경이 병리적 상태가 만연하게 하는 주요 원인입니다. 부부간의 만성적 갈등, 별거, 이혼 등은 신체적, 정신적 건강에 해로운 영향을 주는, 잘 알려진 주요 스트레스 요인입니다. 사회적 유대를 제공해주던 부모, 형제, 친척들과 멀리 떨어져 살게 되면서 가까운 친구와의 어울림, '우정'이 그 공백을 메우고 있습니다.

현대인의 병은, 관계로부터 온다

개인주의가 미덕이라고 여기던 서양 문화의 전형, 미국에서 심리적, 사회적 병리현상의 배경으로 건강한 공동체 관계의 무너짐을 지적하는 목소리가 새삼스럽지는 않습니다. 다만 그처럼 너와 나를 묶어주는 힘은 '보살핌'에 있다는 대안 제시에 마치 동지를 만난 듯 외롭지 않다는 느낌이 들었습니다.

셸리 테일러 교수의 책을 보면서, 이제 서양과 동양이 만나야 하는 최적의 접점, 그 때가 이제 왔구나 하고 생각했습니다.

물질만능과 개인주의의 정점에서 답을 못 찾고 고개를 돌려 동양에서 답을 구하는 미국, 그리고 미국을 닮으려 달려가다 거친 장애물과 맞닥뜨린 우리나라. 서로 닮아가고 있는 이즈음 모두가 안고 있는 문제의 핵심은 이혼의 증가로 가족이 해체되고, 개인과 개인의 연결이 무너지면서 자살률과 살인률이 급증하고 있다는 것입니다.

요즘 우리 주변에서 소중한 생명들이 사라져 가고 있습니다. 삶이 어렵고 힘들고 무가치하다고 생각되어서 자신의 목숨을 끊고, 관계에서 받은 상처와 아픔 때문에 타인에게 보복심리로 살인하는 이들이 왜 자꾸 늘어가야만 합니까. 길을 잃고 헤맬 때는 원점으로 돌아가 주변을 다시 잘 살펴보는 것이 중요한 문제해결의 열쇠가 됩니다. 이제 우리 관계를 건강하게 되살리고 가족의 소중한 가치를 다시 돌아보면서 관계에서 풀지 못하고 맺힌 채 남아있는 매듭은 관계에서 풀어야 합니다. 서로 접촉하면서 아픔을 어루만져주어야 합니다. 서로에 대한 이해와 공감이 필요한 시대입니다.

너무 외롭다

●

몇 해 전, 집으로 향하는 퇴근길에 쿵하고 무엇인가 떨어지는 소리와 함께 날카로운 비명소리가 들렸습니다. 내가 사는 아파트 옆동 23층에서 여자 중학생이 뛰어내려 자살을 한 것입니다. 나중에 그 아이가 남긴 유서에는 '너무 외롭다'라고 쓰여 있더랍니다. 부모가 있어도 함께 정을 나누지 못한, 속마음을 드러내놓고 이야기를 나눌 수 없었던 그 아이의 외로움이 느껴져서 문득 제 몸이 떨렸습니다. 접촉 부재로 외로움을 견디다 못해 생명을 끊은 아이가 바로 내 이웃이라니.

정신분석의 창시자 프로이트는, 인간은 살고 싶다는 생각이 있으면서도, 마음 깊은 곳에서는 끊임없이 죽음을 생각하고 있다고 했습니다. 프로이트는 이것을 죽음의 본능 '타나토스 Thanatos'(그리스 신화에 나오는 의인화된 죽음의 신)라고 불렀습니다. 이 타나토스와 대립되는 존재가 바로 에로스^{Eros}인데, 이 에로스는 새로운 생명을 창조하는 원동력인 동시에 생존본능입니다. 이 두개의 대립된 본능이 인간의 정신을 지배하고 있다는 이론을 전개했습니다. 일반적으로 '에로스'와 '타나토스'는 서로가 굳게 융합되어 떼어내려고 해도 떼어낼 수 없을 정도로 결부되어 있습니다. 이를테면 동전의 앞뒷면과 같은 것이지요. 그러니까 인간은 에로스에 이끌려 삶을 영위하고 있으며, 또한 타나토스의 영향을 받아 죽음의 길을 향해 달려가고 있는 겁니다.

데스몬드 모리스는 자연의 법칙에 따라 한정된 영토에 정해진 개체가 살게끔 되어 있어서 살인과 자살의 비율이 서로 시소처럼 증가와 하락으로 오르내리며 개체수의 균형을 맞추게 된다고 했습니다. 하지만 최근 살인과 자살률이 동반상승하고 있다는 우리나라의 통계[4]를 보면, 무엇인가 잘못되고 있다는 생각이 듭니다.

이런 상황이다 보니, 인간의 삶과 죽음이란 이러한 은유적 설정에 따라 이해되고 예정될 수 없는 일입니다. 인간의 삶의 에너지와 생명현상을 이끌어가는 주체는 당연히 '자신'입니다. 그러나 나 혼자 잘 살겠다고 잘 먹고, 잘 자고, 잘 싸기만 한다고 건강장수를 할 수 있는 게 아닙니다. 좋은 생각만 하고, 바르고 규칙적인 생활습관을 익히고, 몸과 마음에 유익한 운동과 훈련을 한다고 해서 온전한 건강과 행복을 유지할 수 있는 것도 아닙니다.

건강을 관리하는 데 있어서 물론 어느 하나 할 것 없이 모두 필요합니다. 다만 '나'라는 개인은 나를 둘러싸고 있는 타인, 즉 가족, 이웃, 사회, 주변 환경요인에 모두 밀접하게 연결되어 있다는 것입니다. 따라서 하나로 연결된 존재라는, 전체론적인 관점에서 우리 생명을 바라보아야 합니다. 여기에는 최근의 지구도 하나의 생명으로 보는 가

이아^{Gaia} 이론까지 포함됩니다. 지구 위에 존재하는 모든 생명들의 삶이 의미 있을 수 있도록, 서로를 이어주고 버텨주고 지탱해주는 연대감, 그 보살핌과 어울림의 손길, 접촉이 필요한 요즘입니다.

아하! ••• 접촉 2

"안아드려요"
놀이문화가 되어버린 프리 허그

시작은 어머니 사랑 실천

'프리 허그(Free Hug)'는 정신적 치유와 평화 전달을 목적으로 시작된 운동이다. 2001년 미국인 제이슨 헌터가 '안아드립니다'라는 팻말을 들고 길거리 행인과 포옹하는 행위를 시작했고, 호주인 후안 만이 유튜브에 동영상을 올리면서 퍼져나갔다. 제이슨이 프리 허그를 시작한 계기는 어머니의 죽음 때문. 장례식장에 온 조문객들이 어머니로부터 받았던 따뜻한 포옹에 대해서 이야기했는데, 그는 그후 어머니의 소중한 유산을 실천에 옮기기로 결심했다.

접촉 공감 확산

신체 접촉이 삶을 보다 윤택하게 해주며 몸과 마음, 영성적인 건강에 근본적인 도움을 준다는 데 공감하면서, 그러한 접촉의 필요성에 대해서 많은 사람들이 여러 채널을 통해 언급하고 있다. 하지만 접촉은 아이러니하게도 사적 공간과 개인의 인권을 중요시하는 이즈음 다루기에 어쩌면 조심스러운 주제이기도 하다.

평화로운 가정과 사회를 이루고자 한다며 낯선 사람들을 보듬어주는 '프리 허그' 캠페인이 우리나라 거리에서도 벌어지고 있다. 하지만 본래의 의미는 퇴색되고 동성, 이성 친구를 사귈 수 있는 10대 또래 집단의 새로운 놀이문화로 바뀌어버렸다니 안타까운 일. 다음 대통령 선거 후보로 나선 정치인의 프리 허그 이벤트에는 헛웃음만 나왔다. 안아주기는, 접촉이 너무나 부족한 우리 가정에서부터 시작되어야 할 듯싶다.

접촉이라고 하는 것은 사랑의 또 다른 표현,
말이 필요 없는 또 다른 말이다.

아기였을 때는 그렇게도 많은 사람들이 나를 어루만져 주었지만
어른이 되면서는 그렇지 못하게 되었다.
그러나 어른 사이에서라도 우정 어린 관계 안에서는
부드러운 신체적 접촉이
그 어떤 말보다도 훨씬 더 많은 생명력을 준다.

등을 토닥거려주는 친구의 손,
내 어깨 위에 걸친 친구의 손,
나의 눈물을 닦아주는 친구의 손,
내 이마에 다가온 친구의 입술,
이런 것들이 우리에게는 참으로 많은 위안을 준다.

이러한 접촉의 순간은
정말 거룩하다고까지 할 수 있다.
이러한 접촉은 회복과 화해, 안식과 용서
그리고 치유의 몸짓들이다.

• 헨리 나우웬Henri Nouwen 의 《영혼의양식》 중에서

접촉과 마음의 관계

감각 알아차림

2

손길, 마음 길

아버지, 데스페라도

어머니의 손길을 느껴보신 적이 있으신지요. 그 느낌, 어떻게 기억하고 있는지 궁금하군요. 많은 장면들이 눈앞에 떠올려지시나요?

대부분의 사람들은, 모성이란 상징적 의미가 부여되는 어머니의 손길과 관련해서 명확한 에피소드들을 떠올릴 수 있습니다. 자애로움, 따스함, 푸근함, 부드러움, 자기희생 등과 같이 긍정적인 정서를 불러일으키는 데에 부족함이 없을, 그러한 느낌이 담긴 체험들 말입니다. 물론 그렇지 않은 분도 적지 않을 것이라고 생각됩니다.

그렇다면 이번에는 아버지의 손길을 느껴보신 적이 있으신지요, 라고 묻겠습니다. 그 느낌, 어떻게 기억하고 있는지 궁금하군요. 생각을 정리할 시간이 필요하신가요?

몇 해 전, 우리나라의 한 보험회사는 아버지의 손을 소재로 가족사랑의 메시지를 담은 광고를 해서 눈길을 끌었습니다.

넘어질 것을 두려워 마라.
다른 세상도 주저하지 마라.
어른이 되는 것도 겁내지 마라.
잊지 마라. 너를 위한 따뜻한 손길이 곁에 있음을.

딸의 성장하는 모습을 단계별로 보여주면서 장면마다 딸의 곁에서 잡아주고 보살펴주는 아버지의 손을 클로즈업합니다. 맨 마지막엔 결혼식장에서 아버지가 사랑의 손으로 딸의 눈물을 닦아줍니다. 사랑은 책임이며, 그 사랑을 지켜가는 사람은 바로 나 자신임을 깨닫게 하는 가슴 따뜻한 광고였습니다. 아버지의 손길은 믿음, 듬직함, 변치 않음, 강함, 진취적임, 그리고 그 바탕에 있는 온화함이란 메시지와 연결이 되는군요.

사랑과 진심을 담은 손길이 닿아 접촉이 이루어진 그 접점의 시간과 공간에서 느낌이 일어납니다. 그 느낌을 알아차리는 곳에 마음이 갑니다. 그 대상과 나 사이에는 마음과 마음을 이어주는 길이 열립니다. 그래서 접촉의 접점에서 일어나는 그 느낌은, 사람을 조화롭고 균형있게 바꾸어 성장하게 해주는 그 '무엇'입니다. 적절한 때(아이가 배고프거나, 배변을 했거나, 졸리거나, 어딘가 아프거나, 불편하므로 무엇인가 도움이 필요하다고 요구할 때) 적절한 대상과의 접촉이 적절하게 이루어지는 것(양육자가 기꺼운 마음으로 도움을 주는 양육 행위)이 가장 바람직하겠지요. 그러한 적절한 대처는 뒷장에서 이야기하겠지만 안정적인 애착관계를 형성할 수 있게 해줍니다. 하지만 아이를 키우다 보면 그것은 어쩌면 신화적 환상일 수도 있다는 생각이 듭니다.

앞의 '아버지의 손' 광고로 돌아갑니다. 사랑이 담긴 아버지의 손길에 대한 이 광고의 배경음악은 그룹 이글스^{Eagles}의 〈데스페라도^{Desperado}〉였습니다. 이 광고의 스토리텔링을 이해하면서도 왜 하필이면 이 음악을 선곡했을까 궁금증이 떠올랐습니다. 마음에 잔잔한 울림을 주는 음악이지만 제목과 가사내용의 뜻을 알면 그야말로 이 광고의 메시지는 '반전'이기 때문입니다. '데스페라도'는 무법자, 특히 개척 시대 미국 서부의 악한, 분수에 맞지 않게 돈을 꾸는(노름을 하는, 생활을 하는)사람이란 뜻이니까 말입니다. 이 노래의 한 소절만 볼까요.

>Desperado, why don't you come to your senses?
>You've been out ridin' fences for so long now
>Oh, you're a hard one
>I know that you got your reasons

These things that are pleasin' you

Can hurt you somehow

무법자여, 왜 당신은 정신을 차리지 않는 건가요?

당신은 지금 너무나 오랫동안 밖에서 맴돌고 있어요.

오, 당신은 대하기 힘든 사람이에요.

난 알아요. 당신 나름의 그럴만한 이유가 있었단 것을.

이런 당신을 즐겁게 해주는 것들이,

어쩌다 당신의 맘을 아프게 할 수 있답니다.

대인관계와 관계를 기반으로 하는 현실적응에 유독 어려움을 겪고 있는 내담자들을 요즘 많이 만나게 됩니다. 그들의 아버지에 대한 회상을 듣다 보면 '아버지의 부재不在'라고 하는 우리 시대의 중요한 왜곡현상을 엿보게 됩니다. 그들의 마음상태를 표현하는 장면에선 바로 이 '데스페라도'와 같은 아버지가 많이 등장합니다. 그들에게 아버지는 난폭하고 거친 폭군이며, 답답한 고집쟁이이며, 무소불위無所不爲의 무법자, 바람둥이, 알코올이나 도박 중독자, 억지 떼쟁이로 불립니다. 그러한 아버지의 모습에 내담자들은 하나같이 분노의 감정을 드러냅니다. 광고기획자가 설마 이런 역설적 은유를 담고자 했을 리는 없다고 생각하지만요.

그들에게서, 무기력하고 아무런 영향력을 미치지 못해 집에 있으면서도 없다고 느껴지는 존재감 없는 존재, 가정의 평화와 행복을 위해선 차라리 없었으면 하는 존재가 아버지라는 말을 들으면 아버지와 자식 간에 '마음의 길'이 막힌 것만 같아 가슴이 답답해집니다.

나는 누구인가?

"양쪽 팔의 윗부분이 허전해서 저도 모르게 계속 쓸어주는 동작을 하게 돼요."

첫 상담에서 이런 호소를 한 내담자는 곧 불혹의 마흔 살을 맞는 나이입니다. 부모님은 얼마 전 이혼했습니다. 그이는 현실적인 부담을 인정하고 받아들이기가 어려웠습니다. 아버지에 대한 배신감과 사랑의 느낌과 추억들, 두 가지 감정으로 혼란스럽기만 합니다. 그리고 자신의 마음을 함께 해주며 고통을 분담해주지 않는 가족으로부터의 소외감은 자신을 너무나 맥 빠지게 합니다. 어린 시절 꼭 필요한 때에 부모님에게 애정 어린 돌봄을 충분히 받지 못해 누군가를 신뢰한다는 것이 어려운 그입니다. 누군가로부터 다독거림을 받고 싶은 약한 자신의 본모습, 외로움에 고통 받는 자신의 속마음을 누구와도 털어놓고 나눌 수가 없었습니다.

나를 이해하고 더 나은 삶을 살고 싶다는 마음에, 직장생활 중 틈틈이 자기계발을 위한 공부의 자리들을 찾아 다녔습니다. 삶의 의미를 찾게 해주는 좋은 말들을 찾아 헤매며 자기치유를 위해 애를 쓰고 있었습니다. 그러면서 다른 사람들과의 관계에는 늘 차가웠고, 또한 정작 자기 자신의 지금-여기의 느낌에는 접촉조차 하지 못했습니다.

그이는 신체심리치료 작업 첫날부터 눈물을 흘렸습니다. 지금 어떤 느낌인가요, 하는 물음에 그냥 감사하는 마음이 들어서요, 했습니다.

그이에게 있어서 어쩌면 가장 진실된, 지금-여기의 장에서 진정으로 유일한 현실과 마주하는 그 알아차림으로부터 치유가 시작되었습니다. 양쪽 윗 팔이 허전해서 쓸어주어야 했던 반복적인 행동과 배의 통증도 멈췄습니다. 그러면서 아마도 제가 누군가에게 안기고 싶어서 그랬나 봐요, 했습니다. 누군가로부터 사랑받고 싶은 마음이 팔과 가슴의 허전함으로, 채워지지 않는 사랑의 욕구는 배의 통증이라는 신체화 증상으로 드러난 것이었습니다.

"어릴 때, 내가 아프다고 하면 아버지는 화를 내셨어요. 어느 날 내가 아프다고 약을 좀 사달라고 했는데, 아버지는 그러겠다며 나가셔서 안 들어오시는 거예요. 아마 잊어버리셨나 봐요."

내담자는 담담하게 이렇게 말합니다. 그리고 내가 뭘 잘못했었나 봐요, 다른 집 아버지들도 다 그런 것 아닌가요, 하고 반문합니다. 그 뒤로는 아파도 아프다는 말을 해본 적이 없고, 혼자 끙끙 앓기만 했다는 그녀, 이 세상에서 아무도 나를 돌보아줄 사람은 없다고 말하는 그녀는 '공허함'을 반복해서 말합니다. 타인과의 접촉을 회피하고, 느낌을 찾지 못한다며, 자기 내면의 어떤 부분에 접촉하기를 두려워합니다. 그것을 '혼란스럽다'고 표현합니다. 또한 자신이 너무 부족하다고 자기 비난을 합니다. 대학원을 마치고 전문직에 종사하고 있는 그녀인데도 말입니다. 이 내담자는 신체작업을 할 때면 마치 아기가 된 것처럼 재미있다고 히죽거리기도 하고 두 발을 모아 끌어안고 흔들거리면서 마치 다시 어머니의 자궁 안으로 들어가 태내 아이가 된 듯한 행동을 보이기도 했습니다.

접촉경계의 혼란

●

'게슈탈트 심리치료'[5] 이론은 내담자의 사례와 같은 경우를 잘 이해할 수 있게 해줍니다. 이 치료법의 창시자인 프리츠 펄스 Fritz Perls는 이런 사례의 경우를 두고, 다른 사람이나 환경에 대하여 하고 싶은 행동을 자기 자신에게 하는 것, 혹은 다른 사람이 자기에게 해주기를 바라는 행동을 스스로 자기 자신에게 하는 접촉 경계혼란 행동, 즉 '반전 反轉, retroflection'[6]이라고 합니다.

여기에서 '접촉 경계'라고 하는 것은 개체로서 개인과 그 개인을 둘러싸고 있는 환경 사이의 경계를 말합니다. 경계는 이를테면 문이 있는 우리 집의 담 울타리와도 같은 겁니다. 그러니 경계에서 나 자신과 외부의 대상 두 개체는 분리되기도 하는 동시에 만나게 됩니다. 피부가 신체적으로 나를 담아내는 틀이면서 나를 보호해주는 차단막이면서 나와 바깥 환경의 소통이 있게 해주는 경계였다면 심리적으로 그러한 역할을 하는 접촉의 경계가 존재합니다. 인간과 인간의 만남에서도 경계는 중요합니다. 각자 자신의 영역이 타인의 영역과 구분되는 경계가 있어야 건강하게 기능할 수 있습니다.

만일 접촉경계 혼란에 의해 서로 간의 경계가 불분명해지면 서로 간에 제대로 접촉할 수 없고 그 결과 성장에 장애가 생긴다. 따라서 개체의 경계는 매우 중요하다. 건강한 개체는 접촉경계에서 환경과 교류하면서 자신에게 필요한 것은 경계를 열어 받아들이고, 환경에서 들어오는 해로운 것에 대해서는 경계를 닫음으로써 이들의 해독으로부터 자신을 보호한다. 그러나 경계에 문제가 생기게 되면 이러한 환경과의 유

기적인 교류접촉이 차단되고, 심리적, 생리적 혼란이 생긴다. 이것이 접촉경계 혼란이다.[7]

원래 개체와 환경 간의 '안과 밖 갈등'이었던 것이 이제는 개체 자신의 '내부 갈등'으로 바뀌게 됩니다. 이러한 과정은 처음에는 의식적으로 행해지지만 나중에는 차츰 습관화되어 마침내 무의식적이 됩니다.

반전의 대부분은 분노감정 때문에 일어납니다. 많은 사람들이 이러한 행동으로부터 벗어나지 못하는 것은 바로 '두려움' 때문입니다. 새로운 경험에 대한 두려움. 자신의 과거경험에 비추어볼 때, 타인에게 어떤 욕구를 표현하거나 행동을 했다가 거부당하거나 처벌받을 수 있다는 두려움 때문에, 차라리 자신의 욕구나 충동을 억압하고 자기 자신을 희생양으로 삼는 것이 편하다고 생각합니다.

> 분노는 개체의 가장 중요한 미해결 감정 가운데 하나로, 이를 차단시켜 반전하면 결국 수도관이 막힌 것과 같은 상태가 된다. 즉, 분노감정의 차단으로 말미암아 다른 정서가 형성되지도 표현되지도 못한다. 분노감정이 해결되지 않으면 시간이 지나도 분노는 사라지지 않고 미해결 과제로 남아, 개체가 다른 긍정적인 감정을 체험할 기회를 막아버린다.[8]

게슈탈트 심리치료 전문가인 영국의 페트루스카 클락슨 Petruska Clarkson은 반전을 보이는 사람들의 내면에 있는 신화를 깨뜨려야 한다고 말합니다.

"모든 부모님은 자식을 사랑하신다. 따라서 부모님의 어떠한 행동도 모두 자식을 위한 것이다. 이처럼 깨뜨릴 수 없는, '부모는 완전하다'는 순진무구한 신화를 말입니다. 부모도 인간이므로 실수할 수도 있고, 또 잘못을 저지를 수도 있다는 사실을 명확하게 인식하는 것이 필요합니다."[9]

한 생명을 잉태하고 양육해서 한 사람의 성숙한 개체로 성장하기까지 이끌어주어야 하는 부모로서 적절한 역할을 해야 할 책임이 있음은 두말할 나위 없습니다. 하지만 어쩔 수 없는 상황 때문에 그럴 수밖에 없었다는 이들을 위해선, 그들의 자녀들을 사회적으로 보듬어주고 치유해서 온전한 사회인으로 기능할 수 있도록 뒷받침해주어야 합니다.

닫힌 마음 길, 어떻게?

건강한 사람의 몸은 모든 장기와 기관들이 제각각 잘 기능하며, 서로 소통하면서 조화와 균형을 적절하게 이루는 상태를 유지합니다. 몸과 마음의 상태는 서로 긴밀하게 연관되어 있습니다. 몸에 생명의 에너지와 체액이 순환하는 길이 있듯이 내 마음도 외부 대상과 오고 가며 주고받는 소통의 길이 있습니다. 몸의 길은 마음의 상태에 따라, 마음의 길은 몸의 상태에 따라, 타인 또는 세상과의 관계로부터 장애가 생기기도 하고 닫히거나, 스스로 기능하기를 멈추기도 합니다.

마음의 상태가 몸의 기능에 영향을 미치는 사례는 우리 주변에서 흔히 볼 수가 있습니다. 우울, 분노와 같은 부정적인 정서를 동반하는 마음의 상처가 우리 몸의 면역체계를 약화시키고, 여러 가지 질병에 취약한 몸이 되게 한다는 사실은 이미 상식이 되었습니다. 하지만 이러한 발견도 사실 그리 오래되지 않았습니다.

두려움과 만성적인 스트레스는, 사람의 혈액 속에서 피를 굳게 하는 섬유소원 피브리노겐fibrinogen 같은 응고물질 분비를 자극하는 동시에 피를 액체로 만드는 작용인 섬유소 용해에 브레이크를 건다고 합니다. 그래서 피는 걸쭉해지고, 걸쭉해진 피는 심장이나 뇌의 동맥 흐름을 막아 심근경색이나 뇌경색, 뇌졸중, 혈전증의 위험을 높이게 됩니다.

이와 반대로 몸의 상태가 마음의 변화를 가져온다는 연구도 있습니다. 의식과 마음에 대한 과학적 연구를 해온 미국의 심리학자 로버트 온스타인Robert E. Ornstein은 의학적 처방과 동일하게 '심신건강 처방'을 취급해야 한다고 주장합니다. 이중에 눈길을 끄는 것은, "몸을 만져주거나 즐겁게 애무해주는 신체적 접촉만으로도 스트레스 호르몬 분비가 감소되며, 우울증 증세를 가볍게 해주고, 수면을 잘 취할 수 있게 해준다"는 대목입니다.

마음의 문을 닫아, 관계를 통한 소통의 길에 스스로 장애물을 만들고 자기 안에 갇혀있는 현대인들이 늘어가고 있습니다. 이런 이들을 관심을 가지고 보듬어주지 않으면 우리 사회의 취약한 부분에서 풍선이 터질듯 커질 수도 있습니다.

지극히 개별적인 삶이 중시되면서 깨어져 부서진 조각처럼 파편화된 현대인들은 정신적으로 상처를 잘 받고 쉽게 치유되지 않습니다. 서로 기댈 언덕과 힘이 되어주면서 나누며 보태며 함께 살아가야 할 운명을 타고난 인간이 무위자연無爲自然의 삶, 그 '자연스러움'과 '인간됨'을 멀리하면서 스스로 자초한 상황입니다. 그래서 쉽게 관계를 맺지 못하고 잘 소통하지 못하는 우리 모두의 가슴에 '함께 있어도 나는 외롭다'는 페시미즘pessimism의 메시지가 어쩌면 똑같이 흐르고 있는지 모를 일입니다.

'함께' 있지 못하고 '홀로' 이 외로운 삶을 견뎌내야 하는 이들의 마음에서 찾을 수 있는 공통점이 바로 그 부분입니다. 온전하게 건강한 삶과 사회를 만들기 위해선 이를 인정해야 합니다. 닫힌 마음들을 열고 서로 이어지게 해서 우리 모두의 마음과 마음의 길이 연결될 수 있기를 진정으로 바랍니다. '건강한 접촉'이 우리 삶속에 스며들어 조용히 자리 잡을 수 있을 때 닫힌 마음들을 잇는 길이 열릴 것이라 믿습니다.

감각과 감정,
무엇이 진실인가

날것에서 변형된 것으로

"어깨를 딱 짚어주실 때에는 선생님의 손을 통해 '속 많이 상하셨지요. 많이 힘드셨겠어요' 하는 공감의 메시지가 느껴졌어요. 그래서 갑자기 그냥 마음이 움직이고 눈물이 났어요. 어루만짐에 대해서 다시 생각하게 돼요."

심한 스트레스로 두통을 호소하던 한 여성 내담자가 신체작업 중 눈물을 흘리며 접촉 체험을 통해 공감을 받은 느낌을 이야기했습니다. 이처럼 접촉의 접점에서는 말이 개입되지 않았는데도 끊임없이 많은 느낌이 일어나고 메시지가 전달됩니다.

그 많은 느낌들과 무언의 메시지들 중에서, 우리 의식은 어떤 느낌에 선택적으로 주의를 기울이도록 이끕니다. 그런 지각의 현상을 '선택적 지각'이라고 합니다.

'느낌'이란, 몸의 감각이나 마음으로 깨달아 아는 기운이나 감정을 말합니다. 접촉의 순간, 그 접점으로부터 나는 무엇인가를 느끼며, 동시에 그것으로부터 어떠한 '느낌'을 갖게 됩니다. 느낌이 반응으로 나타나게 하는 접촉 자극의 경로가 몸과 마음이군요. 그렇다면 신체적으로 느껴지는 것을 '감각'이라고 하고, 어떤 현상이나 사건을 접했을 때 마음에서 일어나는 느낌이나 기분을 '감정'이라고 나누어야겠습니다. 앞의 사례에서 내담자는 자신의 어깨가 만져지면서 '쓸어준다' '짚어준다'는 '감각'을 느꼈고, 거기에서 공감받고 있다는 느낌을 알아차리면서 마음이 움직였고 '감정'이 올라와 눈물을 흘리는 신체반응을 보였습니다.

감각感覺이란 것을 좀 더 딱딱하게 말하자면, 외부의 물리적 자극에 의해 인간의 의식에 변화가 생기는 것을 의미합니다. 어깨를 만질 때 이런 현상이 일어납니다. 내담자의 피부에서 촉각과 압각, 온도감각을 수용하는 감각기관은 저의 손을 통해 전달되는 자극을 '외부의 물리적 자극'으로 인식하고, 전기적 신호의 한 형태인 활동 전위로 바꾸어서 신경을 통해 뇌까지 전달합니다. 활동 전위는 신경세포인 뉴런의 말단에서 신경전달물질이 뇌 속으로 분비되도록 합니다. 이렇게 하여 뇌 속에 변화가 생기면 인간의 의식에 변화가 일어나게 됩니다.

뇌에서 감정을 일으키는 부위는 뇌의 중앙 부분에 있습니다. 감성 또는 감정의 뇌는, 인간 진화의 전단계인 포유류 동물의 뇌에서 발견된다고 하여 신피질과 구별하여 구피질이라고도 합니다. 뇌의 이 부분에는 감정적 기억을 저장하는 해마海馬, hippocampus와 편도체扁桃體, amygdala라는 기관이 있습니다. 전두엽에 위치한 편도체를 파괴시키면 감정의 표현이 거의 없어지는 것으로 보아 감정의 표현에 있어 필수적인 부위로 여겨지고 있습니다. 인간이 과거의 안 좋은 정보에 집착하는 것은 편도체의 기억 때문입니다. 어릴 때 한 순간에 받은 감정적 충격은 편도체에 저장되어 일생동안 영향을 줍니다.

따라서 지금-여기에서의 신체적 자극은 '날 것'으로서의 진실이라고 할 수 있습니다. 하지만 신경전달경로를 거쳐 뇌에서 의식이 개입되고, 누적된 감정적 기억들이 조합되면서 내놓은 피드백 정보로서의 '감정적 반응'은 진실이라고 하기에는 조금 그런, 지지고 볶고 퓨전으로 섞어서 날 것이 변형되거나 왜곡된 음식 같은 것이라고 할까요.

몸을 느끼면, '나'를 안다

'자기 안에서 어떠한 느낌도 찾지 못한다'고 말하는 사람은, 주로 인지적인 사고과정에서 감정과 만나지 못하는 경우입니다. 미국의 심리학자 데이비드 월린 David Wolin 은 몸에 기반을 둔 마음 상태에서는 신체적인 감각과 감정에 접근할 수 있지만 생애 초기에 보호자로부터 적절하게 접촉의 돌봄을 받지 못해 불안정한 애착이 된 사람은 대개 '몸과 분리되어' 있다고 말합니다. 이들은 마치 우뇌로부터 감정에 대한 정보를 받지 못하고 사는 것처럼 보일 수도 있습니다.

이들을 돕는 방법은 원래의 애착 관계에서 충분히 받지 못했던 안전한 보살핌과 따뜻한 접촉 경험을 다시 체험하게 함으로써 몸과 마음의 경험을 통합하는 것입니다. 이런 작업은 신경학자 안토니오 다마시오 Antonio Damasio 의 말에 따르면 '몸에 마음을 불어넣기'라고 할 수 있습니다. 이것이 가능할 때, 다른 방식으로는 불가능한, 깊이 있는 자기 인식과 타인에 대한 인식을 할 수 있게 되는 것입니다.

생체에너지요법을 만든 알렉산더 로웬$^{Alexander\ Lowen}$은 정신분열증 환자에 대한 임상연구를 담은 그의 책 《몸에 대한 폭로$^{The\ Betrayal\ of\ the\ Body}$》에서 '정체감은 몸과 연결됨을 느낌으로부터 일어난다'는 것을 보여줍니다.

망상, 환각, 혼란스러운 사고와 언어를 비롯해서 여러 가지 현실에 대한 부적응 증상을 나타내는 정신분열증의 경우, 몸과 연결되어 있다는 것을 완전히 잃어버리기 때문에 자신이 누구인지 모릅니다. 자신이 몸을 가지고 있고, 시간과 공간에 적응하고 있음을 알 수 있지만, 자기 자신이나 자아^{ego}에 대한 감각은 몸과 동일시되지 않습니다. 따라서 그것을 인식하지 못하고 자신이 세상 사람들과 연결되지 않은 것처럼 느낍니다. 이와 유사하게 정체성에 대한 의식 역시 자신에 대해 느끼는 방식과 연결되지 않습니다. 심리치료사 델시아 맥닐$^{Delcia\ McNeil}$도 다음과 같이 말했습니다.

> 만약 우리가 육체성, 접촉, 신체적인 감각을 통해 느낄 수 없다면 정서를 느끼기는 어려울 것이다. 우리는 타인과의 관계에서 물러나거나 분리되기 쉽다. 자신의 몸과 더욱 밀착되어 있다고 느낄 때 고통이나 그냥 흘려보낼 수 없는 부정적인 정서를 느끼게 된다. 그리고 물질로서의 몸을 통해 그 대가를 치르게 된다. 이런 정서들은 슬픔, 압도당하는 느낌, 불안, 공포, 쓰라림, 분노 등을 포함한다. 하지만 우리는 이와 동시에 즐거움, 흥분, 사랑 등과 같은 유쾌한 느낌도 느끼기 시작한다.[10]

자신 안에서 느낌을 찾지 못한다고 하는 이에게 있어서 지금-여기에서 가장 유일한 진실은 신체적인 접촉에서의 느낌, 감각입니다. 나의 의식세계가 몸과의 연결을 잃어버리면 현실과의 연결을 잃어버리게 됩니다. 신체 접촉을 통해 나 자신과 접촉하게 됩니다. 내가 몸을 지닌 존재이며, 내 몸은 피부라는 경계를 통해 신체적인 형태를 갖추고 있다는 것을 알게 됩니다. 애슐리 몬테규의 말을 빌자면 "개인의 정체성은 몸의 느낌이라는 현실에 기초해서만 그 실체와 구조를 갖는다"[11]라고 할 수 있습니다.

내가 누구인가를 알기 위해서, 내가 무엇을 느끼고 있는가를 알아차릴 수 있어야 합니다. 건강한 사람은 자신이 느끼고 바라보는 것과 동일한 자기상像을 가지고 있습니다. 왜냐하면 자기에 대한 이미지란 자신의 느낌과 감각에 연결된 현실을 통해서 나오기 때문입니다.

내 안의 채워지지 않은 빈 공간

영국의 소아과 의사이면서 정신분석가였던 도널드 위니캇Donald Winnicott은, 아이는 엄마와의 피부접촉을 통해서 자기가 아닌 외부가 있다는 것을 비로소 느낀다고 했습니다. 아이가 자기 밖에서 최초로 경험한 관계는 당연히 낯설지만, 충분히 좋은 엄마good enough mother는 아이의 요구에 적절한 접촉을 해주고 잘 조율해주면서 낯선 환경에 적응할 수 있게 해줍니다. 그렇지 못할 경우, 아이에게 새로 체험하는 바깥세상은 계속 낯설기만 하고, 적응할 수 없는 두려운 세계로 머물게 됩니다.

사랑을 담은 엄마의 손길과 안아주는 엄마의 따뜻한 품과 충분히 접촉하면서 '세상은 안전하다'는 것을 체험하지 못한 아이는 어른이 되어서도 버림받지 않을까 두려워 관계를 맺지 못하고, 정신적인 '허기감' 때문에 늘 가슴이 텅 빈 것만 같습니다. 접촉의 결핍으로 채워지지 않았던 사랑의 욕구는 늘 무엇인가 부족하다고 느끼게 합니다.

가슴 속의 이 빈 공간을 채울 수 있는 방법은 무엇일까요? 생애 초기에 애착 대상과의 관계에서 잘 풀리지 않았던 문제의 매듭을 풀 수 있는 실마리는 주양육자였던 어머니가 쥐고 있습니다. 관계에서 상처받은 사람의 치유는 사람을 통해 이루어집니다. 말로 상처 받았으면 말로 치료될 수 있고, 잘못된 접촉 체험으로 상처 받았으면 바른 접촉을 다시 체험함으로써 그 체험이 긍정적인 인지체계 안에서 재구성될 수 있습니다.

우리 아이가 생애 초기에 엄마로부터 안정된 애착을 체험하지 못했다면 평생 그 상처를 끌어안고 고통 받으며 살게 해서는 안 됩니다. 그것은 부모로서 마땅히 해야 할 의무이며 책임입니다. 너무 늦지 않은 때에 채워지지 않은 빈 가슴을 채워줄 수 있기를 바랍니다.

아이가 빈 가슴에 무엇이라도 채우고 싶어 방황하고, 중독적인 행동을 반복하고 있다면, '더 늦기 전에' 아이에게 먼저 손을 내밀어보세요. 나란히 앉아 손을 잡고 어쩔 수 없이 잘 돌보아주지 못했던 그때 이러저러한 사정이 있었다는 것을 이야기해주세요. 손으로 전해오는 따뜻한 체온을 통해 그럴 수밖에 없었던 엄마를 가슴으로 이해하고, 빈 가슴에 엄마의 따뜻한 사랑이 채워질 겁니다. 상처받은 한 사람의 아픈 마음을 치유하는 사랑의 접촉은 그렇게 손잡기로부터 시작합니다.

아하! ••• 접촉 3

피부, 접촉이 이루어지는 곳

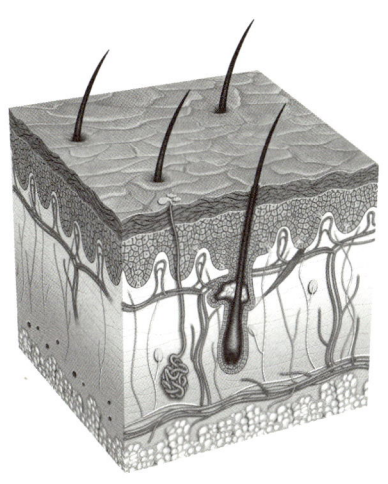

인간으로서의 한 개체인 우리는 피부로 둘러싸인 주머니로서 제 각각 다른 형태를 가지고 있다. 그 안에 뼈, 핏줄, 살, 체액들이 담겨 있으며, 그것들이 신체적인 나를 드러내고 있는, '물질로써 나'의 구성물이다. 대자연은 마법과 같은 손길로 커다란 주머니에 움푹 들어가 있는 '함입(陷入)'과 볼록 튀어나와 있는 '돌출(突出)' 부위로 인간의 몸을 신비롭게 조각해놓았다.

추위와 더위, 그리고 환경 속에서 언제 침투할지 모를 위험 물질로부터 몸을 보호하는, 무게 3kg 정도의 피부는 감촉을 느끼는 수용체로 가득하다. 50만 개가 넘는 신경섬유에 의해 척추신경과 접하는 피부의 감각수용체 수는 약 64만 개. 촉각에 의한 감각체험이 이루어지는 곳은 바로 이곳, 피부다. 그리고 만지다, 쓰다듬다, 주무르다, 꼬집다, 간질이다, 쓸어주다 등등의 행위로 신체적인 접촉이 이루어지는 접점의 장소는 두말할 나위 없이 우리 몸의 겉껍질인 피부이다. 머리에서 손끝과 발끝까지, 피부는 나와 세상을 구분하는 경계이며, 접촉을 통한 소통의 접점이다.

마음이 아프니
몸이 아프다

몸이 만져지는데 웬 정서반응?

모든 감정이 그러한 것은 아니지만 어떤 감정은 분명히 신체로부터 일어납니다. 가령, 몸을 의지할 곳이 갑자기 없어지면 공포심이 일어나고, 몸이 짓눌려 자유를 빼앗기면 노여움이 일며, 몸의 어떤 부분을 자극하면 쾌감이 생기고, 겨드랑이나 발바닥을 간지르면 웃음이 나오며, 몸을 세게 치면 고통의 감정이 발생합니다. 몸의 변화에 따라 감정도 바뀔 수 있다는 것이, 잘 알려진 '제임스-랑게 James-Lange 이론'이지요. 슬퍼서 우는 것이 아니라 우니까 슬픈 것이고, 무서워서 떠는 것이 아니라 떠니까 무서워지며, 우스워서 웃는 것이 아니라 웃으니까 우스워진다는. 이 이론을 반박하는, 신체적 각성(지각)과 정서적인 경험은 동시에 발생한다는 '캐논-바드 Cannon-Bard 이론'도 있습니다. 다양한 채널로 정보를 수용하고 반응하는 인간이기 때문에 인간의 정서적 반응에 대해선 모범답안은 없는 것 같습니다. 하지만 몸을 만지면 정서적인 반응이 일어난다는 것은 우리가 직접 체험하고 있는 '진실'입니다.

얼마 전, 한 집단 상담 프로그램에서 아버지에 대한 애도 작업을 마치고 슬픔에 잠겨 있는 내게 한 참가자가 다가와 오른팔의 팔꿈치 바로 윗부분을 가만히 꼬옥 잡아주었습니다. 따스한 마음이 그대로 전달되었습니다. 그 접촉 체험은 다른 누구의 말보다 공감받고 있음을 느끼게 해주었고, 따뜻한 위안의 메시지를 제 마음에 전해주었습니다. 고마운 마음이 뭉클하며 올라오더군요.

이런 느낌을 굳이 해석해보자면 다음의 연구결과가 그 근거가 될 수 있겠군요. 미국 위스콘신-메디슨대학 심리학과의 리차드 데이비슨 Richard Davidson 교수가 진행하고 있는 연구는 '좌뇌가 긍정적 감정에 관여하고, 우뇌가 부정적 감정에 관여함'을 밝혀냈습니다. 따라서 좌뇌의 손상은 우울증, 공포, 비관을 일으키고, 우뇌의 손상은 무관심과 심지어 다행증多幸症, euphoria(근거가 없는 병적인 행복감)을 일으킨다고 합니다.

또 다른 흥미 있는 연구에서 일본의 심리학자 하타, 나카세코, 야마모토 Hatta, Nakaseko, & Yamamoto, 1992는 오른손과 왼손으로 동일한 물체를 만지게 한 다음, 감각이 주는 감정을 보고하게 하였습니다. 오른손(좌뇌가 관여하는 신경)에 쥔 물체를 묘사할 때, 왼손에 쥔 물체를 묘사할 때보다 더 긍정적인 단어를 사용했습니다.[12] 그러니까 상대방으로부터 긍정적 정서를 이끌어내려면 오른손을 잡아야 한다는 말이겠지요.

누군가의 접촉이 아주 기분 나쁘게 느껴지는 신체 부위가 개인에 따라 있을 수 있습니다. 이전에 다친 적이 있거나 수술한 부위, 부스럼이나 종양 같이 피부에 볼록 튀어나와 민감해진 부위, 심리적인 콤플렉스를 가지고 있는 부위를 건드리면 공연히 신경이 날카로워지면서 몸이 움츠러들게 마련입니다. 저도 그런 '취약한 부위'가 있습니다. 몇

해 전 겨울에 불편한 사람과 술자리를 가진 뒤 빙판에서 넘어지면서 왼쪽 갈비뼈에 금이 가서 한 달여 동안 고생한 적이 있습니다. 그 뒤로는 왼쪽 갈비뼈에 무엇이 와 닿으면 불쾌하다는 감정이 올라와서 싫습니다. 그러니 버스나 지하철을 타도 왼쪽 자리에 누가 앉으면 불편해지더군요.

감정적 신체와 몸의 언어

몸은 과거 사건들로부터 미해결인 채로 남겨진 감정적인 응어리, 잠재물들의 저장소라고 할 수 있습니다. 감정적인 문제는 그것으로 영향을 받는 신체 부위의 상징적이거나 은유적인 기능과 관련되어 있습니다. 인간관계에서 누군가와 소통하거나 치유를 위한 접촉을 할 때 그 사람의 전체적인 자세와 형태, 움직임을 신체의 각 부위가 수행하는 기능들과 그 사람 삶과 연결해서 보면, 그 사람을 이해하는 데 많은 도움이 됩니다. 감정적 신체, 체화된 정서는 동양의 기氣와 경락 이론과 인도의 아유르베다 이론에 바탕을 두고 있습니다. 영국의 신체심리치료사 데비 샤피로Debbie Shapiro의 경험을 바탕으로 하는 몸의 이해는 그러한 맥락에서 몸의 언어를 듣고자 할 때 도움을 줍니다.[13]

머리―존재의 중심

몸과 마음, 감정의 체계 유지의 중추적인 역할. 지혜를 추구하며 '나'를 더 높은 차원으로 확장하고 성장시키고자 한다. 현실세계를 대표하는 육체적인 요구와 영적 욕구 사이에 대립이 생길 수 있다.

목—머리와 몸을 연결

현실을 받아들이고 느낌을 표현하는 머리와 심장의 다리 역할을 한다. 목구멍을 통해 삶에 필요한 물과 음식, 공기를 받아들이고 삶에 대한 자신의 느낌을 몸 밖으로 내보낸다. 목이 자유롭게 움직일 수 없다면 이것은 완고하고 생각이 경직되어 있다는 것을 암시한다. 현실을 삼킬 수 없을 때 목이 조여 오는 느낌이 우울증 증상으로 나타난다.

어깨—책임에 대한 부담

진정한 요구를 표현하지 못할 때, 하지 말아야 할 일을 할 때, 너무 할 일이 많다고 느낄 때, 아무것도 하지 않고 뒤로 물러나는 것이 더 안전하다고 느낄 때 어깨는 긴장하고 경직된다. 두려움과 관련되어 있다.

가슴—나의 정체성

무엇을 안을 수 있고, 세상을 만나는 부위. 나의 사회적인 이미지를 대표한다. 열정이나 분노, 공포, 슬픔, 용서, 사랑과 같은 내면의 모든 느낌과 갈등이 묻혀 있다. 여기에 문제가 있다면 자기 가치와 내향성 또는 자신감과 허영심과 같은 자신에 대한 느낌에 문제가 있음을 암시한다.

등—생존의 문제

등은 우리 몸의 기둥으로 몸을 지지해서 똑바로 설 수 있게 해주며 품위를 유지해준다. 가족의 기둥 역할, 자신을 바로 세우는 일과 같은 생존의 문제와 관련 있다. 등의 윗부분은 사랑과 반대 개념인 공포와 짜증, 분노, 증오심, 과거 고통의 기억과 관련된 감정을 보여준다. 죄의식이나 수치심, 감정적인 혼란도 여기에 포함된다. 등의 가운데 부분은 신체의 중심으로 균형을 잡아주는 부위. 결단력을 의미하며 문제가 있을 때 우유부단해지며 자신과 타인의 요구에 충돌이 있음을 암시한다. 분노와 관련 있다. 억눌려 있고, 감정을 잘 표현하지 못하는 사람은 특히 등 통증에 취약하다.

허리—자기 스스로 버티기

허리는 관계를 상징하고, 세계 속에서 자신을 발견하는 곳이다. 생존과 안전, 자기를 지탱하는 것에 대한 두려움과 관련 있다.

배—세상에 대한 믿음

느낌들을 단단히 붙잡아두는 부위. 단단하게 굳은 복부근육은 나약한 느낌이나 친밀함에 대한 두려움을 보여 준다. 축 늘어진 복부근육은 보호의 결핍이나 자기 존중의 결핍을 암시한다.

골반—움직임의 중심

골반은 우리를 일으켜 세우면서 행동의 균형을 잡게 하는, 위로는 방향감각을 유지하면서, 아래로는 움직임을 조정하는 움직임의 중심이다. 안전과 생존, 대화, 그리고 친밀함을 나누는 성적 관계, 모성과 연결된다. 골반의 문제는 변화에 대한 깊은 두려움이나 과거에 대한 집착을 가리키기도 하고, 자신을 지탱할 수 없다고 느끼고 있음을 암시한다. 골반을 담고 있는 엉덩이의 경직은 살아가는 동안 일어나는 변화에 저항하고 있다는 표시이다.

다리—앞으로 나아감

우리가 서거나 움직이는 방법은 우리가 가려고 하는 방향에 대한 느낌들을 암시해준다. 다리의 문제는 앞으로 나아가는 데 대한 공포나 우리가 딛고 서있는 대지, 즉 현실과의 갈등과 관련되어 있다. 넓적다리 안에서 우리는 부모와의 문제나 충격적인 어린 시절의 기억, 분노, 또는 원한과 같은 과거의 문제들을 발견할 수 있다. 성과 관련이 있다.

무릎—자존심과 고집

굴복하고, 인정하고, 남에게 베풂, 겸손과 관련이 있다. 너무 강한 자존심과 고집은 무릎을 긴장시킨다.

발목—나를 버티게 함

발목의 문제는 현실과의 깊은 갈등이나 내가 가고 있는 방향에 대한 믿음과 내면의 지지가 부족함을 의미한다.

발—삶의 방향

발은 내가 가려고 하는 곳에 대해서 어떻게 느끼는지를 보여준다.

머리에서 발끝까지 몸은 마음의 거울입니다. 이러한 신체 부위의 문제를 몸과 마음의 상관관계와 연결시켜 문제의 근원을 파악할 수 있습니다. 하지만 개별적으로 보아서는 안 되고 전체적인 구조 안에서 부분의 문제를 바라보아야 합니다.

정서기억들은 유사한 경험끼리 묶인다

엄마 생각이 났어요. 아주 어렸을 때 시골집에서 저는 따뜻한 방 안에 누워 있고 엄마는 부엌 아궁이에서 밥을 하면서 잔가지를 꺾어서 군불을 때었던 그 느낌이 생각이 났어요. 엄마의 보호 안에서 안전한 평화로움…… 그것이 떠올랐어요. 가을 무렵이었어요. 오뉴월에 나뭇가지를 잘라놓고 가을쯤 되어서 때면 이파리가 불쏘시개 역할을 하면서 금방 타오르거든요. 집에서 옛날에 양조장을 해서 그 인근에선 학교 다음으로 우리 집이 제일 좋은 집이었어요. 지금 생각하면 참 좋은 돌들이 많았어요. 댓돌, 뜨락, 마루 네 개. 집이 한 채 더 있었고, 멋있는 디딜방아가 있어서 온 동네 사람들이 방아 찧으려고 왔었고…… 슬픔이 안 올라온 게 신기했어요. 엄마만 생각하면 슬픔이 막 올라왔거든요. 오늘은 슬픔이 아니라 좋은 추억으로 지나갔네요.

[사례8. 4회차]

옛날에 조금 안 좋았던 때의 고통 받았던 그런 일들이 왔다 갔다 하는 것 같았어요. 결혼생활하면서 신랑과의 트러블이나 마찰이나 정신적으로 안 맞을 때 타격이 한 번씩 오는 것 같았던…… 이상하게 생각을 안 해야 한다고 생각했던, 별로 생각하고 싶지 않은 그런 생각들이 나는 거예요. 그걸 의식적으로 제가 생각한 것들이 아닌데 그런 느낌들이 있구요. 그 모습을 바라보면서 마음이 아팠어요. 아픈데 그게 옛날처럼 그런 고통의 아픔이 아니라 내가 지나면서 그 당시에 내가 잘하지 못했던, 현명하게 하지 못했던 약간의 회한이라고 할까. 내가 조금만 더 잘했더라면 오히려 이런 통증까지는 오지 않지 않았을까 하는 이런 잠깐잠깐 스쳐가는 그런 묘한 느낌 같은 게 있었어요.
[사례4. 6회차]¹⁴

신체심리치료 중이던 내담자 두 사람이 치유적인 접촉을 하는 동안 체험한 내용은 긍정적인 정서의 묶음과 부정적인 정서의 묶음으로 나타납니다. 정서적인 기억이 떠오를 때는 희한하게도 몸의 상태와 관련된 정서가 비슷하게 느껴지는 사건들끼리 연속해서 떠오릅니다. 이러한 경향은 전체 세션의 앞부분이나 마무리 단계에 나타납니다. 이런 흥미로운 현상에 대해선, 심리학의 두 부문의 새로운 경향에서 주목해 볼 만한 발견들이 있었습니다.

첫째는, 심리학의 새로운 경향 중 하나인 트랜스퍼스널 심리학을 이끌고 있는 정신과 의사 스타니슬라브 그로프 Stanislav Grof 가 실증적 연구 결과를 바탕으로 찾아낸 '응축된 경험의 체계 COEX System: Systems of Condensed experience' 개념이 바로 그것입니다. 우리는 삶의 다양한 시기를 거치면서 맞닥뜨렸던 정서기억들을 무의식 속에 쌓아놓습니다. 그 정서 기억들은 서로 공유하는 정서들끼리 또는 신체적 감각의 속성에 있어서 서로 닮은 것들끼리 모여 있다는 것이지요. 비슷한 성질의 감정체험들은 시공간의 제한을 넘어서 하나로 모여져 마치 포도송이 같은 덩어리로 기억되며, 치유의 장면에서는 그 덩어리가 의식으로 꼬리를 물고 떠올라 온다고 했습니다. 마치 유유상종 類類相從, 끼리끼리 모인다는 말처럼 말입니다. 하나의 정서적 경험이 뭉칠까 말까를 결정하는 것은 경험의 강도와 정서적 관련성에 달려 있습니다.

이러한 정서기억들의 응축된 경험 체계는 자신과 타인, 그리고 세상을 지각하고 느끼는 방식에 영향을 미칠 수 있습니다. 그것은 정서적,

정신신체적 증상, 타인과의 인간관계에 있어서의 어려움, 비합리적인 행동 뒤에 숨어 있는 역동적인 힘입니다. 응축된 경험 체계와 외부 세계 사이에는 역동적인 상호작용이 존재합니다. 삶의 외부적 사건은 응축된 경험 체계에 합쳐져서 활성화되며, 거꾸로 활동적인 응축된 경험 체계는 우리로 하여금 현재 삶의 핵심적인 주제들을 재현하는 방식으로 지각하고 행동하도록 합니다.

두 번째는, 가장 최근에 나타난 '긍정심리학'입니다. 비슷한 정서적 기억들이 묶음으로 뭉쳐지는 현상에 대해서 참고할 만한 최근의 연구 결과는, 감정과 기분이 기억·주의·지각, 그리고 자기 경험과 같은 거의 모든 심리적 과정에 중대한 영향력을 끼친다는 겁니다. 특히, 행복하거나 긍정적인 기분 상태는 다양한 방식으로 세상에 대한 적응적 반응을 촉진합니다. 예를 들면, 긍정적 기분 상태는 이타주의 성향과 의사결정의 효율을 높이고, 창의력을 증진시키며 공격성을 줄이는 경향이 있습니다. 또한 긍정적 기분은 인간관계의 질을 향상시켜주며 작업만족도 향상에도 도움이 됩니다.

또한 기분이 기억·지각·판단, 그리고 자기에 대한 주의에 영향을 미친다는 점을 밝힌 연구들이 있습니다. 일반적으로 관련 연구들에 의하면, 특정한 기분 상태일 때에는 그 기분과 조화되는 기억들을 더 쉽게 회상한다고 합니다. 이 현상을 '기분일치 회상mood congruent recall'이라고 합니다.[15]

정리해보자면, 접촉을 통해 몸의 기운이 잘 소통되고 배치되어서 말 그대로 '기분氣分이 좋아지면' 긍정적 기억의 회상이 촉진됩니다. 이러한 효과는 회상되는 정보가 자기와 크게 연관되어 있는 경우 특히 강할 것입니다. 덧붙여서, 좋은 기분은 부정적 기억의 회상을 또한 억제합니다. 기억뿐 아니라, 현재의 지각과 판단에도 '기분 일치 효과$^{mood\ congruent\ effect}$'가 나타납니다. 기분이 매우 좋을 때, 우리는 이전에 혹은 반복적으로 실패했던 어떤 행동에 대해 재도전하려고 할 것입니다.

내가 서있는 바탕이 굳건함을 깨닫게 하고, 내 안에 있었지만 찾지 못했던 자원들을 찾아내 직면한 현실에 도전하는 용기와 자신감이 생기는 것은 따뜻한 사랑 나눔의 접촉 행위가 생명력의 씨앗을 제공했기 때문일 수 있습니다. 인간공동체의 작은 단위인 나를 바꿈으로써 우리 모두 긍정적으로 바꿀 수 있는 접촉 현상의 효과는 아무리 강조해도 지나침이 없을 듯합니다.

접촉은 왜 손으로

무엇이 사람의 손길을 대신할 수 있을까?

　사람의 촉각과 시각·청각·미각·후각을 만족시켜주고 몸과 마음의 불편함을 해소해주면서 인간적인 관계를 통한 접촉을 대신해줄 대체용품들이 많이 나오고 있습니다.

　인간의 성적인 욕구까지도 해결해주며 입체적인 만족을 주는 햅틱 Haptics 16 기기문화가 아무리 발달했다고 해도 체험하고 나면 아무래도 무엇인가 부족한 것을 느낍니다. 남의 눈치를 볼 필요도 없고 죄책감을 느끼거나 성병의 공포를 느낄 필요도 없다고 하더라도 말입니다. 왜냐하면 사람은 사람과의 관계로부터 살아있음을 느끼고, 삶의 에너지를 얻기 때문입니다. 그 바탕에는 사람만이 가질 수 있는 '감정'과 '정서'의 교감이 있습니다.

　비록 요즘 영화 속의 소재로 종종 등장하는 잘 조합된 인조인간과 같은 기계적인 장치일지라도, '아마도' 나에게 어떠한 의미가 되어주는 누군가의 손길을 대신하진 못할 것이라 생각됩니다. '아마도'라고 전제를 한 것은 우리 과학기술의 발전의 한계를 감히 어느 수준까지라고 예측하기 어렵기 때문에 단서로 달아둡니다.

손에 마음이 담긴다

'사랑받고 싶고, 인정받고 싶다.'

심리상담의 장에서 마주하는 내담자들이 호소하는 지금-여기의 불편함과 혼란의 근원에 다가가면 이런 내면의 소리를 듣게 됩니다. 사회적 동물인 사람의 이러한 마음의 요구는 타인과의 건강한 관계에서 상호적인 접촉을 통해서 전달되어 수용되고, 그리고 정서적 요구를 만족시켜줄 만큼 충분한 응답으로 되돌려 받았을 때 마침내 충족됩니다. 관계 속에서 그러한 메시지가 전달되는 채널이면서 도구로 작용하는 것은, 입으로 전하는 말과 비언어적인 행동입니다.

우리가 누군가와 대화를 나누는 장면을 떠올려보면 '손이 참 많은 말을 한다'는 것을 알 수 있습니다. 그렇게 느끼는 것은, 손의 표현에는 감출 수 없는 마음이 그대로 담기기 때문입니다. 접촉이라고 하는 행위와 연결된 비언어적인 표현을 앞에서도 살펴보았지만 만진다, 손질한다, 손대다, 짚다, 어루만지다, 만지작거리다, 문지르다, 쓰다듬다, 다루다, 매만지다, 건드리다 등입니다. 이러한 동작들 대부분은 두 팔과 두 다리, 즉 사지四肢 중에서도 발이 아니라 손으로 이루어집니다. '어루만지다'는 행위를 놓고 '손으로 어루만지다'와 '발로 어루만지다'라는 두 문장을 만들어보면 '발로'라는 대목에서 왠지 꺼림칙해집니다. 발로 하는 접촉행위에서 인간적인 존중을 받는다는 느낌보다는 하나의 물질적인 대상으로 취급받는 느낌이 드는 것은 발이 땅을 딛으므로 투박하다는 고정관념 때문만은 아닙니다.

어루만져준다는 접촉행위에서 사랑받고 인정받는 느낌, 온화하고 기품있는 정서는 손에서만 느낄 수 있습니다. 뇌에서 신체 부위의 기능을 이율로 보여준 '호문쿨루스'(91쪽 참고) 그림에서 볼 수 있듯이 손은 감각적으로 가장 예민한 기관입니다. 따라서 손은 상대방의 상태를 감각적으로 민감하게 파악하고 반응하며 배려하고 있음을 보여줄 수 있는 기관이므로 '손에 마음이 담긴다'라고 할 수 있습니다.

ⓒ이달희

우리 앞에 어떤 이가 있더라도 그의 손 움직임은 우리의 눈길을 끕니다. 우리 뇌에서 뇌 양옆, 귀 바로 위에 있는 측두엽은 오로지 손 모양과 움직임에 반응합니다. 상대방의 손—손가락, 손바닥, 손목—과 그것이 표현하는 다양한 손놀림에 무의식적으로 반응합니다. 우리 뇌의 측두엽 덕분에 손은 우리에게 말보다 많은 메시지를 전하고, 얼굴만큼이나 많은 눈길을 끕니다.

손을 통해 '연결'된다

왜 마음을 담아 전하는 몸짓, 그러한 접촉 행위는 발이 아니라 손으로 이루어질까, 하는 물음에 대한 답은 상징적인 측면에서 살펴 볼 수 있을 겁니다. 다리와 발의 기능이 갖고 있는 상징적 의미는 '균형' '이동' '전환'이며, 팔과 손의 기능이 갖고 있는 상징적 의미는 '수용'과 '연결', 그리고 '창조'입니다. 팔과 손으로 끌어안고, 머리와 어깨를 쓰다듬어주고, 등을 토닥이며 위로해주고, 머리를 쓸어주며 털을 고르고, 옷깃을 바로 잡아주며, 옷에 묻은 보풀을 떼어주고, 손을 마주 잡아 안전함을 전하며 서로 소통합니다.

생명의 에너지의 원천인 음식과 공기를 들고나게 하는 관문인 입으로 음식을 옮겨 넣고 해로운 것으로부터 막아내고 밀쳐내는 방어적인 일도 팔과 손이 수행해야 하는 일입니다. 그리고 쓰고, 붙잡고, 세우고, 모양을 만들고, 짓고 허무는 창조적인 작업도 팔과 손이 하는 일이지요. 팔과 손은 갈망과 욕망을 표현하기 위해서 밖으로 길게 뻗습니다. 그리고 심장이 연장되어 말을 보조하며 감정을 전달하는 것도 팔과 손이 하는 일입니다.

　우리는 팔과 손으로 사랑, 보호, 부드러움이라는 감정을 표현하며, 다른 사람들과 연결되어 하나로 결합하고자 할 때 팔과 손을 사용합니다. 그러므로 대부분의 문화권에서 팔과 손은 사랑과 인정을 전하고 확인하는 접촉의 가장 중요한 도구입니다. 또한 마음과 몸을 하나로 바라보며 치유가 이루어지는 장면에서도 '손'은 가장 진실하고 효과적인 치유의 도구입니다.

아하! ••• 접촉 4

**접촉에 민감한 곳
손가락 끝과 입술**

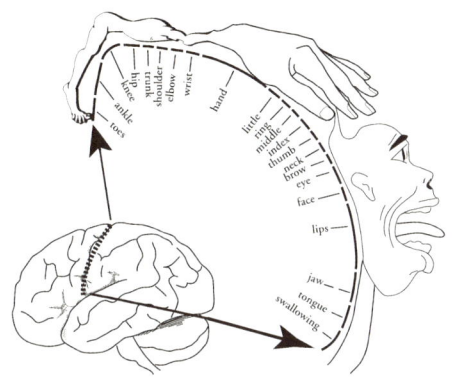

몸의 겉 부분에 대한 감각적 자극에는 의식이 개입된다. 이는 접촉이 의식의 작용과 변화를 이끌 수 있다는 점에서 중요한 사실이다. 몸 안의 장기들을 통해선 신체적인 욕구와 관련된 무의식적 반응들이 나타난다. 촉각수용기의 분포 및 밀도는 몸통이나 팔과 다리 근육 깊은 곳보다 얼굴과 사지 말단부위가 더 촘촘하며, 촉각은 특히 손가락 끝과 입술에서 가장 예민하다. 여자들의 피부는 일반적으로 남자에 비해 신체 접촉과 압박에 10배나 더 민감하게 반응한다.

펜필드(Penfield)의 뇌지도 '호문쿨루스(homunculus)'[17]를 보면 운동피질은 손가락과 입, 입술, 혀, 눈을 담당하는 부분의 피질이 넓고, 감각피질은 손과 혀 등이 넓다. 다른 신체 부위보다 손을 통한 접촉이 비언어적인 커뮤니케이션과 치유적인 도구로 높은 가치와 효율이 있음을 알 수가 있다. 여기에 입으로 하는 언어적인 접근이 함께한다면 금상첨화.

Love is real, real is love

Love is feeling, feeling love

Love is wanting to be loved

Love is touch, touch is love

사랑은 진실한 것, 진실은 사랑

사랑은 느끼는 것, 느끼는 사랑

사랑은 사랑받기를 원하는 것

사랑은 접촉, 접촉은 사랑

• 존 레논John Lennon의 〈Love〉 중에서

밥보다 더 귀한 접촉

3

접촉의 힘

만지니까 사랑이다

Touch is Love

이 책의 원고를 쓰던 2012년 여름, 영국 런던 올림픽 폐막식에서 존 레논과 영상으로 다시 만났습니다. 불후의 명곡 〈Imagine〉을 부르는 그의 얼굴이 스크린 가득 떠오르고 필드에는 그의 얼굴이 퍼즐로 맞춰졌다가 흩어졌습니다. 비틀즈의 창립 멤버로 세계적인 명성을 얻은 영국의 가수, 작곡가이자 평화운동가였던 존 레논은 절정의 인기를 누리던 1976년, 갑자기 은퇴를 선언합니다. '아들의 육아'를 위해 스스로 전업 주부^{主夫}, 아버지 노릇을 하기 위해서라고 말입니다. 하지만 1980년 미국 뉴욕에서 한 과격 팬의 총에 암살당해 40세의 나이로 짧은 일생을 마감했으니 안타까운 일이지만 또 한편의 신화 탄생이기도 합니다.

오노 요코와의 사이에서 태어난 아들 션 레논을 돌보기 위해 전업 주부가 되겠다던 그 존 레논이 부른 노래 〈Love〉는 그래서 사랑에 관한 모든 것이 담겨있는 듯 느껴지지 않습니까? 이 노래 〈Love〉에서 그는 '사랑은 만지는 것, 만지는 것은 사랑'이라고, 느리고 부드러운 목소리로 우리 가슴을 어루만져주듯 반복해서 읊조리고 있습니다.

"Love is touch, touch is love."

'터치touch', 만져주는 것, 만지는 것, 그러한 접촉은 사랑을 주고받으며 나누는 행위입니다. 우리 인간은 그러한 사랑의 접촉을 통해서 생명의 에너지를 주고받고, 자유로움을 얻을 수 있으니까요. 그 나눔의 순간, 그 느낌, 그 행위는 진실입니다.

사랑은 접촉으로 그 진실을 확인할 수 있고, 접촉으로 다시 더욱 굳건해질 수 있는 것입니다.

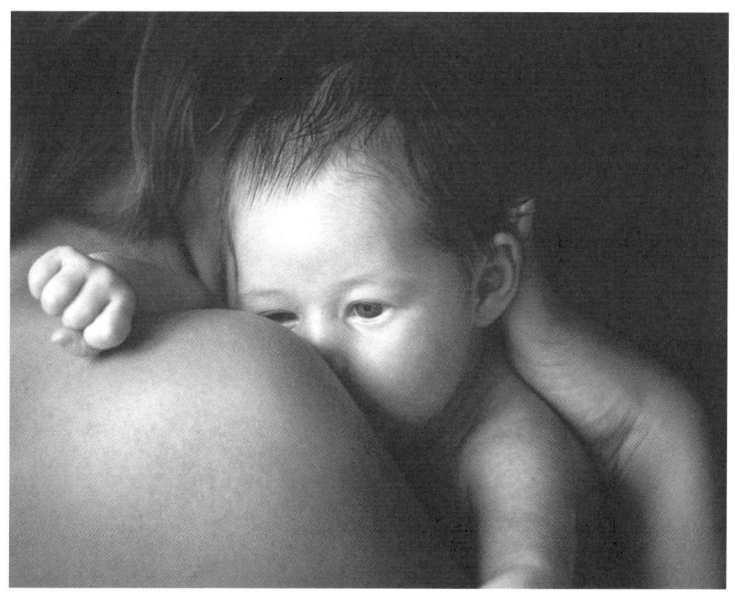

"All John Lennon needed was LOVE." 존 레논에게 필요한 모든 것은 사랑이었다, 라는 이 말은 존 레논의 어린 시절 성장과정에 초점을 맞춘 영화 〈Nowhere Boy〉의 부제입니다. 존 레논 사망 30주기를 맞아 2009년에 나온 영화였습니다.

영국의 항구도시 리버플에서 태어난 존 레논은 다섯 살 때 부모가 헤어지면서 자식이 없던 이모 밑에서 자라났습니다. 그래서 부모의 사랑과 정을 갈구하면서 어린 시절을 보냈다고 하는군요. 존 레논은 겉으로는 짐짓 강한 척했지만 부모로부터 버림받은 상처를 늘 가슴 한구석에 품고 있었습니다.

미미 이모와 조지 이모부가 존을 친자식처럼 대하며 남다른 사랑을 쏟기는 했지만 다섯 살, 엄마의 품이 가장 절실한 나이에 엄마와 떨어져 살아야 했던 유년기와 소년기 시절의 기억은 존에게는 평생 잊을 수 없는 아픔이었습니다. 존은 키운 정에 감사는 하지만 낳은 정이 그리워 가까운 거리에 살던 어머니 줄리아와 다시 만나기 시작합니다. 그러나 얼마 안 가 16세 되던 해에 교통사고로 어머니를 떠나보냅니다. 그가 살던 이모 집 앞에서, 그것도 비번이던 경찰이 몰던 차에 말입니다. 자신과 어머니의 관계를 재정립해 나가던 시기에 어머니의 갑작스런 죽음은 존 레논을 더욱 분노와 혼란으로 내몰아갔습니다.

"어머니. 이제야 어머니와 재회하고, 음악을 배우고, 밴드를 시작했는데, 어머니는 돌아가셨습니다."

이처럼 존 레논은 가슴 한구석에 채워지지 않는 모정에 대한 끊임없는 갈망으로 늘 공허함과 불완전감에 시달려야만 했습니다. 첫 아들의 이름도 어머니의 이름을 따서 줄리안으로 했습니다.

평생 가는 첫 접촉의 상실감

"매일같이 나는 신에게 감사한다. 네가 내게로 온 것을,
운명이 두 영혼을 맺어준 것을,
내가 태어난 것은 오직 너를 만나기 위함이었고
내가 어른이 된 건, 너를 아내로 맞이하기 위함이었다."

충족되지 않았던 어머니의 사랑에 대한 갈증은, 예술가로서 자신을 공감해주고 지지해준 예술적 동지이자 '영혼의 어머니'였던, 여섯 살 연상의 일본계 전위예술가 오노 요코를 만나면서 채워지게 됩니다. 존 레논은 오노 요코에게서 불안정하고 지쳐 있는 자신의 영혼을 맡길 수 있는 '어머니의 모습'을 발견했다고 합니다. 비난의 소리들을 뒤로 하면서 존 레논은 오노 요코와 재혼합니다. 그 후 한동안, 존 레논은 '프라이멀 스크림 Primal Scream'[18]이란 심리치료를 받으면서 마음의 정화작업을 합니다.

비틀즈 해산 이후 처음 낸 그의 솔로 앨범 'Plastic Ono Band'[1970]에는 그의 어머니와 관련된 두 곡과 〈Love〉가 수록됩니다. 앨범의 첫 트랙이었던 〈Mother〉에서는 그동안 제대로 표출되지 못하고 억압된 상태로 잠재되어왔던 '부모로부터 버림받은 아픔과 분노'를 직선적이고 절규하는 방식으로 터뜨리고 있습니다. 마지막 트랙인 〈My mummy's dead〉에서는 자신을 버린 증오의 대상이기도 했지만, 그 누구보다 사랑했던 어머니의 갑작스런 죽음을 통해 느꼈던 고통과 슬픔을 담담하게 표현합니다.

Mother, you had me but I never had you,

I wanted you but you didn't want me,

So I got to tell you,

Goodbye, goodbye.

어머니, 당신은 날 가졌지만 난 당신을 가지지 못했어요.

난 당신을 원했지만, 당신은 날 원하지 않았죠.

그래서 난, 이 말을 해야만 해요.

안녕, 안녕.

Mama don't go,

Daddy come home.

엄마, 가지 말아요.

아빠가 집에 오고 있어요.

 교회의 종소리로 시작한 노래는 엄마를 부르는 간절한 절규로부터 시작합니다. 자신을 버린 어머니와 아버지에 대한 원망과 미움의 마음을 풀고자 하는 해원解冤의 소망이 그대로 그의 목소리에 담깁니다. 최고의 자리에 오른 비틀즈 밴드 멤버, 아티스트로서 빛나는 자신의 모습을 보여주고 싶었을 겁니다. 그 열정과 탄식의 그림자는 좋은 시절 다시 만남을 그렇게 그리워했던, 뜻밖의 사고로 세상을 떠나버린 어머니에 대한 비통함과 안타까움입니다.

 이 노래를 들으면, 그리운 부모님에 대한 생각으로 가슴 뭉클해집니다. 이렇게 어머니를 외치면서 '엄마, 가지 말아요'라고 외치다 보면 어느 순간, 그리운 어머니를 진정으로 편안하게 보내드리는 애도

작업이 되지 않았을까 싶습니다.

  사람이 사는 이 세상에는,
  나와 당신이라는 대상이 있습니다.
  나와 그 대상과의 접촉에서 사랑이 생겨납니다.

  또한 사랑으로 인해서 대상이 생겨납니다.
  사랑은 대상에 대한 그리움이 일어나게 합니다.
  사랑하니까 원망과 미움의 마음도 함께 합니다.

  만지니까 사랑입니다.
  사랑하니까 만지고 싶습니다.

마르지 않는 사랑의 샘

둘이었으나 하나였던 그곳, 자궁

지극한 사랑을 온전하게 느낀 곳, 어머니의 자궁과 가슴은 우리 인간에게 마치 고향과도 같은 곳입니다. 인간으로서 우리 모두가 간직하고 있는, 사랑의 근원이면서 마르지 않는 에너지의 샘물과도 같은 곳. 엄마와 나, 둘이었으나 아직은 분리되지 않은 채 하나로 융합되어 있던, 생애 초기 경험은 인간이 왜 접촉을 그리워하는지에 대한 유일한 해답입니다. 피부와 피부가, 몸과 몸이 사랑이란 이름으로 접촉하고 있는 동안, 삶에 지친 우리 몸과 마음은 잠시나마 우리가 온 곳이며 또 우리가 언젠가는 돌아가야 할 영원한 안식이 있는 그곳에서 머물다 옵니다. 데스몬드 모리스도 다음과 같이 말했습니다.

> 생물체로서 우리가 최초로 받은 인상은 어머니의 자궁 벽에 둘러싸여 황홀하게 떠다닐 때 느끼던 친밀한 촉감이다. 점차 발달해가는 신경계에 미치는 주요 자극은 촉감과 압박감과 움직임 같은 여러 감각이다.

또한 태아의 피부는 온통 어머니의 따뜻한 양수 속에 잠겨 있다. 그리고 태아는 자신의 몸이 나날이 성장함으로써 발생하는 자궁과의 밀착으로 자궁에 둘러싸인다는 감촉을 느끼고, 그 부드러운 감촉이 시간이 지날수록 점점 더 강해지고 꼭 안긴다고 느낀다. 더욱이 이 기간을 통해 태아는 어머니의 폐로부터 호흡으로 생기는 리드미컬한 압박과, 걸을 때 생기는 부드럽고 규칙적인 진동을 느낀다.[19]

어머니와 태아였던 내가 하나임을 느끼게 해준 자궁에서의 온전한 접촉은, 대자연에서 모든 존재는 하나로 연결되어 있다는 유대감을 몸으로 익히게 해줍니다.

하나로 연결된 생명의 배꼽

이제 군대를 제대하고 대학에 복학한 제 아들 이야기입니다. 아이는 정상분만일보다 조금 일찍 제왕절개로 엄마 뱃속에서 나왔습니다. 태어날 때 모습을 전해주던 산부인과 의사는 만약 산도를 통한 정상분만을 시도했더라면 위험할 뻔했다고 하더군요. 탯줄이 목을 감고 있어서 출산중에 질식할 수도 있었다구요. 엄마젖도 잘 나오지 않아서 모유 수유기간도 짧았습니다. 그래서 그럴까요. 아이는 젖을 떼고도 한참 동안이나 엄지손가락을 빨면서 다른 한 손으로는 배꼽을 만지작거렸던 모습이 선명하게 떠오릅니다. 아이가 배꼽을 만지는 것을 바라보면서 아이가 엄마 뱃속이 그리워서 그런가 보다 생각했습니다.

엄마와 '나'를 이어주던, 우리 몸의 한 가운데에 자리 잡고 있는 배

꿈은 우리가 어디에서 온 것임을 알게 해주는 '근원'에 대한 상징입니다. 인간에게는 생명의 근원이었던 엄마의 자궁으로 돌아가고픈 본능적인 욕구가 있습니다. 엄마와 내가 하나임을 느꼈던 바로 그때 말입니다.

> 하나님의 명령으로 '큰 물고기'는 요나를 삼켰고 그는 3일 밤낮을 고기 뱃속에 있었다. 고기 뱃속에서 그가 구원을 위한 기도를 올리자 물고기는 그를 "땅으로 뱉어 내었다."[20]

구약성서에 나오는 예언자 요나는 하느님의 부르심을 받고도 도망쳤다가 큰 고기 뱃속에 들어가게 됩니다. 그곳에서 살아나와 회개하는 인물인 요나의 이야기에서 인간이 가지고 있는 모태귀소본능母胎歸所本能을 말하는 '요나 콤플렉스Jonah complex'가 유래되었습니다.

요나 콤플렉스란 아직 성년이 되지 않은 소년기에 나타납니다. 어떤 공간에 감싸이듯이 들어 있을 때 안온함과 평화로움을 느끼면서 지나치게 폐쇄적 성격을 보이거나, 유아기 혹은 아동기의 습관, 엄지손가락을 빠는 등의 퇴행적인 증상을 보이는 것, 쉽게 말하자면 엄마 뱃속 시절을 그리워해 현실에 적응하지 못하는 것을 말합니다.

요나 콤플렉스는 분석심리학의 창시자인 칼 융Carl G. Jung이 자신의 운명이나 사명을 피하려는 인간의 무의식적인 성향을 설명하면서 언급했습니다.

어머니의 뱃속에서 웅크린 채 손가락을 입에 넣고 빨면서 잠들어 있는 태아의 모습을 떠올려보세요. 너무 슬프고, 외롭고, 힘들고, 아플 때 그런 모습으로 웅크리고 있는 자신을 본 적이 있지 않나요?

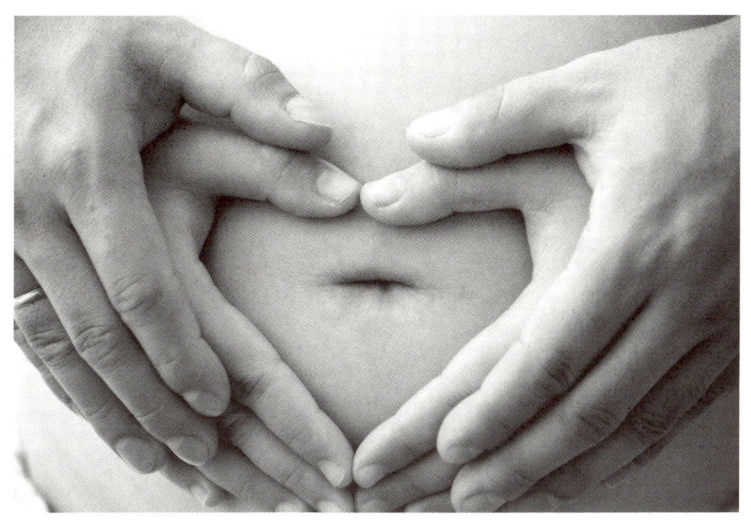

엄마 뱃속의 자궁은 모든 불안과 위험 요소로부터 격리되어 안전하게 보호받는 존재로 머물 수 있던 곳입니다. 힘겨운 사회생활에 지친 사람들이 무장을 해제하고 편히 쉴 수 있는 고향과도 같은 자궁은 영원한 그리움의 대상으로 우리 마음속에 간직된 안전함의 상징적 원형입니다.

젖가슴으로부터의 '만족'

다른 포유동물과 마찬가지로 사람의 아기는 이 세상에 태어나자마자 엄마의 몸과 다시 연결되기 위해 다른 연결 통로를 본능적으로 찾아냅니다. 아직 눈을 뜨지 못했는데도 감각의 이끌림에 따라 찾아냅니다. 아기의 삶을 이어갈 수 있게 하는 데 절대자인 엄마와 연결의 끈을 놓치지 않기 위해서 타고난 아기의 '원시반사' 반응은 젖꼭지나 손가락이 입에 닿으면 빠는 행동을 하는 '포유반사', 손바닥에 자극을 주면 꼭 잡아쥐는 '파악반사', 그리고 볼을 만지면 고개를 돌리는 '탐색반사'입니다.

아기가 그렇게 본능적으로 찾아가는 생명의 샘물, 그곳은 바로 엄마의 젖가슴입니다. 엄마의 젖을 빨면서 아기는 엄마와 잠시 분리되었지만 다시 하나로 결합됩니다. 입은 엄마와 연결되는 하나의 통로로 타인과 처음으로 소통하면서 의미 있는 관계를 형성하는 최초의 장소이자 수단으로 기능합니다. 그리고 젖가슴을 통해 엄마와 접촉하는 동안에는 따뜻하게 덥혀지고, 사랑이 가득 담긴 엄마의 시선과 눈을 맞추고, 엄마의 얼러주는 리드미컬한 다독거림과 부드러운 속삭임에 의해 포근하게 감싸여집니다.

멜라니 클라인Melanie klein과 디디에 앙지외Dider Anzieu와 같은 정신분석가들은 '젖가슴'을 통해 아기가 겪은 현실을 가리키기 위해서 젖가슴에 네 가지의 성격을 부여합니다.[21] 젖을 주는 젖가슴, 채워주는 젖가슴, 접촉할 때의 부드럽고 따스한 젖가슴, 활동적이고 자극을 주는 장소인 젖가슴. 어머니의 젖가슴은 그러니까 아기에게 생명의 에너지를 채워주는 '젖줄'이면서 최초의 정신적 대상입니다. 젖가슴을 통해 어머니의 젖을 충분히 먹고 신체적으로 충분한 접촉감을 느끼면서 심리적인 포만감을 느낄 수 있을 때 아기는 만족한 상태가 됩니다.

애착이론가인 비온Bion은 '어머니-젖먹이 관계'를 '담아주는 용기-담기는 내용물'의 관계로 봅니다. 그리고 그 결과로 '생각하는 것을 생각하는 장치'에 이르는 '감정의 공간'과 '생각의 공간'이 구성된다고 했습니다. 배가 고파서 엄마 젖을 찾을 때 엄마가 없어서 젖을 먹지 못하는 '젖가슴의 부재^{不在}'는 아이에게 최초의 불안입니다. 이것으로부터 아기의 '생각하기'가 처음으로 시작됩니다.

　신체적으로 또 정신적으로 포만감을 느끼고 만족스런 상태가 되면 몸과 마음의 긴장은 여유를 찾으면서 이완되고 주변을 둘러보게 됩니다. 정신적인 확장과 성장은 그렇게 시작됩니다. 그때 그곳, 적절한 시점에서 채워지지 않은 욕구는 결핍된 만족감으로 몸과 마음에 기록되면서, 프로이트의 정신분석이론과 같이 '고착'되어 정신적, 신체적으로 취약한 부분으로 남게 됩니다. 내적인 공허감은 바로 이 시기에 충족되지 못했던 접촉의 결핍으로부터 비롯됩니다. 성인이 되어서 아무리 먹어도 속은 텅 비어 허전한 것 같은 '허기감'은 폭식과 섭식장애로 나타나기도 합니다.

접촉의 마법

모성 호르몬, 옥시토신

'모성'에 많은 관심이 모아지고 있는 요즘입니다. '어머니됨'의 본성을 말하는 모성의 특성이란, 세심한 배려와 따뜻한 보살핌입니다. 무분별한 개발과 성장으로 할퀸 지구의 대지, 분열과 다툼으로 상처받은 사람들의 몸과 마음은 그러한 모성의 보살핌을 받으며 보듬어주어야 회복될 수 있을 것이란 바람이 우리 모두에게 있습니다. 그래서 세상의 치유를 기대하며 '모성의 시대', '모성의 리더십'을 이야기하는가 봅니다.

영국 시인 로버트 브라우닝 Robert Browning 은 "모성, 모든 사랑은 그곳에서부터 시작하며 그곳에서 끝난다"라고 했고, 프랑스 작가 빅토르 위고 Victor-Marie Hugo 는 "여자는 약하나 엄마는 강하다"라고 했습니다. 세계의 문호들이 남긴 모성에 대한 탄성처럼 여성에게 부여된 이러한 모성행위는 참 신비합니다.

이러한 모성은 타고난 것이지만 우리 몸에서 어떠한 것이 영향을 미치는지에 관하여 연구를 하던 사람들은 옥시토신oxytocin이라는 호르몬을 발견했습니다. 그리스어 어원이 '일찍 태어나다'인 이 호르몬의 역할은 자궁수축을 촉진하는 것입니다. 이 호르몬이 도대체 무엇이기에 출산과 수유, 그리고 사랑 나눔을 위한 접촉의 순간에 사람을 그토록 바꾸어놓는가, 하고 놀란 많은 이들이 연구결과들을 내놓고 있습니다.

옥시토신은 여성이 어머니로서 자연 분만을 하고, 수유를 하는 동안 분비됩니다. 여성이 출산할 때 아이가 자궁에서 빠져나온 후 자궁이 엄청난 속도로 축소될 때 옥시토신의 역할이 있어야만 합니다. 강렬한 옥시토신 호르몬 덕분에 3kg 안팎인 태아와 양수를 담을 만큼 크게 부풀었던 자궁은 다시 주먹만 한 크기로 돌아오게 됩니다.

아기를 돌보고 싶다는 마음이 일어나고, 아기에게 젖을 물리면 깊은 애정을 느끼게 되는 것은 어머니로서의 본능입니다. 하지만 그러한 마음의 작용을 불러일으켜주는 촉발장치 역할은 옥시토신이 합니다. 비록 젖을 물고 있는 아기가 자기 아기가 아닌 경우에도 말입니다. 낳은 정과 기른 정이 다르다고 하지만 호르몬 차원에서 본다면 모두 옥시토신과 관계가 있는 모성의 감정입니다.

옥시토신은 프로락틴prolactin과 함께 젖의 분비를 돕습니다. 아기에게 젖을 물릴 때 엄마 몸에서 나오는 옥시토신은 모유를 통해 아기 몸속으로 들어갑니다. 옥시토신 호르몬은 엄마와 아기를 연결시켜 주면서 사랑으로 이어지는 끈끈한 관계 형성의 기본이 됩니다.

옥시토신 분비가 증가하면 산모는 만족감과 편안함, 행복을 느낍니다. 덕분에 혈압은 낮아지고 스트레스 호르몬인 코르티솔cortisol 농도는 떨어집니다. 이렇게 좋은 기분은 또 아기에게 전해집니다.

연인의 쓰다듬는 손길

신체적인 접촉이 건강증진과 치유에 효과적이라는 것은 많은 연구 결과로 입증되고 있습니다. 신체접촉을 통해 치유적인 화학 반응들이 촉발됩니다. 스트레스 호르몬인 코르티솔은 줄고, 우울과 불안을 줄여주고 즐거움과 행복감을 느끼게 해주는 신경전달물질인 세로토닌serotonin과 도파민dopamine은 증가됩니다.[22] 이러한 결과는 우리 몸의 면역력을 높여줍니다.

이러한 신체적인 접촉을 통해 분출되는 우리 몸의 화학물질들이 건강을 돕는다는 것은 중요한 사실입니다. 그중에서 특별한 관심을 갖는 것은 바로 사랑의 묘약이라고 불리는 호르몬 옥시토신입니다. 옥시토신은 그러한 별칭에 걸맞게 사람과 사람 사이의 관계에서 친밀감을 느끼게 합니다. 앞서 언급한대로 산모가 아기에게 강한 정서적 유대감을 느끼듯이, 여성이 남성에게 모성본능을 느낄 때도 옥시토신이 왕성하게 분비됩니다. 남녀 사이에 신체적인 접촉을 통한 사랑에도 이 호르몬은 중요한 것입니다. 그렇다면 어떠한 접촉방식이 효과적인지 알아볼 필요가 있겠군요.

쥐를 대상으로 실험한 결과, 날마다 부드러운 마사지를 받은 쥐들은 마취 없이 수술을 할 수 있을 정도로 안정적인 상태가 되었습니다. 접촉을 통해 옥시토신 분비가 증가했기 때문입니다. 사람의 경우에도 쓰다듬거나 마사지를 하거나 성적인 접촉을 하면 옥시토신이 증가합니다. 연인들 사이의 깊은 신체 접촉은 옥시토신을 폭발적으로 분출시켜 절정감을 느끼게도 한다고 합니다.

사랑받는 여자가 편안해 보이고, 정서적으로 안정적인 것도 옥시토신이 주는 심리적 안정감과 관계있습니다. 반대로 사랑을 못 받는 여자는 히스테리컬하고 정서적으로도 편안하지 못하며 우울해 하기도 합니다.

이런 실험 결과도 있습니다. 면접시험을 보는 여성들 중 한 그룹에만 남자 파트너가 여성의 목을 마사지하게 했습니다. 그러자 옥시토신 수치가 올라가면서 심장박동이 느려지고 손 떨림이 멈췄습니다. 얼굴엔 화색이 돌고 스트레스 호르몬인 코르티솔도 줄었습니다. 이런 마사지를 받지 않은 나머지 여성들은 신경질적인 반응을 보였고, 면접에서도 나쁜 점수를 얻었습니다.

사랑의 접촉은 느리고 부드럽게

부드러운 신체 접촉은 옥시토신을 분비시킵니다. 따라서 옥시토신이 방출되는 신체 접촉의 원칙은 '느리고 부드럽게'입니다. 매티센 Matthiesen 등의 연구[23]에 의하면 모유 수유시 영아가 손과 입을 통해 마사지 하듯 엄마와 신체적인 접촉을 할 때 엄마의 옥시토신 수준이 증가되었습니다. 이는 1분에 40회 정도로 아주 느린 맥박과 같이 부드럽고 리드미컬한 움직임입니다. 동물의 어미가 새끼를 혀로 핥아주거나, 사랑하는 사람의 얼굴이나 머리, 몸을 손으로 부드럽게 쓰다듬어 줄 때에도 비슷한 속도의 움직임이 있습니다. 몸 또는 마음이 아프거나, 우울증 또는 불면증에 시달리는 여성에게 이런 신체 접촉은 약이 됩니다. 어루만지는 접촉 행위는 우리에게 행복감을 줍니다.

여자는 남자보다 얇은 피부로 스킨십에 따라 옥시토신을 더 쉽게 생산할 뿐 아니라, 옥시토신을 '느끼는' 능력도 탁월합니다. 똑같이 쓰다듬어주는 접촉에 여자는 쾌감을 남자보다 5배나 더 민감하게 느낄 수 있다고 하는군요. 아내나 여자 친구를 사랑한다면 부드럽게 터치를 해주어야 한다는 말씀.

영국의 과학잡지 〈뉴 사이언티스트〉[24]는 학술지 〈네이처 뉴로사이언스 Nature Neuroscience〉에 실린 논문을 인용해서 포옹의 비밀을 풀어줄 연구결과를 실었습니다.

> 스웨덴 살그렌스카대학병원 신경생리학부 하칸 올라우손 Håkan Olausson 교수는 어루만지는 자극에 기분 좋게 반응하는 신경망이 피부에 존재한다고 한다.
> 보통 촉각은 주로 고속 신경조직망에 의해 초속 60m의 빠른 속도로 뇌에 전달된다. 외부의 압력이나 자극에 재빠르게 대처해야 적절히 반응할 수 있기 때문이다. 그런데 피부에는 초당 1m밖에 이동하지 못하는 느린 신경망도 존재한다. 이를 CT C-Tactile 신경계라고 하는데, 올라우손 교수는 "신경계가 파괴돼 촉각을 전혀 느끼지 못하는 환자도 부드러운 피부 자극을 받으면 기분이 좋아진다"며 "CT신경계가 무의식적인 느낌을 뇌에 전달한다"고 말했다.

올라우손 교수는 "기분 좋은 포옹이 CT신경계를 자극하면 옥시토신이 분비된다"며 포옹하며 느끼는 행복을 근거 있는 주장이라고 설명합니다.

이러한 연구결과들을 종합해서 정리해보면, 사랑을 불러오며 건강을 증진시키고 행복감을 주는 신체접촉의 방법은 이렇게 명확해지는

군요. 따뜻하고 부드러운 손길로 어루만지듯이 느리게 율동적으로!

믿음을 주는 호르몬

옥시토신은 사람에 대한 믿음, 즉 신뢰감을 높여주는 데에도 관여합니다. 스위스 취리히대학 에른스트 페르 Ernst Fehr 교수팀은 옥시토신을 코에 뿌리면 상대에 대한 신뢰감이 증대된다는 연구결과를 〈네이처 Nature〉지에 발표하였습니다.[25]

미국 뉴욕의 마운트싸이나이 의과대학 연구팀의 뒤이은 연구결과는 옥시토신이 우리가 이미 알고 있는 좋은 관계에서는 신뢰나 유대감을 더 강화시키지만, 타인이라고 판단되는 부정적인 관계에서는 나쁜 감정을 더 악화시킨다고 밝혔습니다. 부작용이 있을 수 있다는 것이지요. 다른 말로 하자면, 우리가 누군가를 더 신뢰하게 된다면 그만큼 '다른 집단'을 차별적으로 덜 신뢰하게 된다는 것을 말합니다. 모두를 신뢰하거나 사랑하게 하는 것은 아니라는 것.

옥시토신은 이밖에도 수줍음이나 우울증, 자폐증 치료에도 효과적이며, 자신감과 적극성을 키워주는 데에도 도움을 준다는 연구결과가 있습니다. 이건 정말 놀라운 효과가 아닌가요.

마치 만병통치약과도 같은 합성 옥시토신 알약이 시판될 예정이라고 하니까 신뢰와 사랑, 유대 등의 감정조절에 어려워하는 사람들은 큰 기대를 가져도 될 것 같습니다. 하지만 외부에서 주입되는 것은 일시적 효과일 뿐이며 오래가지 않습니다. 반복할수록 듣지 않는 내성이 생긴다는 우려의 목소리가 있습니다. 외부의 주입으로 인해 몸에서 필요를 못 느끼고 기능이 퇴화된다는 것이지요. 내 몸에서 스스로 회복되도록, 분비되도록 만들어 주어야 합니다.

아하! ● ● ● 접촉 5

'꼭꼭꼭, 꼭꼭' [26]
옥시토신 나오는, 접촉하세요

어느 여행지에서 있었던 일입니다. 한 노부부가 어딜 가든 손을 붙잡고 다녔습니다. 보기만 해도 참 좋았죠. 연세가 지긋한 분들이시건만 서로 지긋지긋하게 여기지 않고 진정으로 다정다감하시니 놀라울 뿐이었거든요. 하지만 그런 모습을 계속 접하면서 좀 지나치신 게 아닐까라는 느낌도 없지는 않았습니다. 그래서 어느 날 물어봤습니다.

"서로 참 사랑하시나 봐요. 두 분이 손을 항상 꼭 쥐고 다니시네요."
노부부가 똑같이 "아, 예" 하시며 "허허" 웃으셨습니다.
"사랑을 표시하는 거랍니다."
그러다가 남편이 입을 여셨고 다음과 같은 대화가 이어졌습니다.
"우리는 손만 붙잡고 다니는 것이 아닌데요."
"그럼, 뭘 더 하시죠?"
"우리는 서로 '꼭꼭꼭, 꼭꼭'을 한답니다."
의아한 표정을 짓자 말씀을 계속하셨습니다.

"서로 손을 잡고 다니다가 제가 엄지손가락을 이용하여 아내의 손에다 '꼭꼭꼭' 하고 세 번 누르곤 합니다. 그러면 아내도 엄지손가락을 이용하여 '꼭꼭' 하고 제 손에다 두 번 눌러 주곤 한답니다. 아내가 먼저 제게 '꼭꼭꼭' 할 때도 있어요. 저도 즉시 '꼭꼭' 하고 반응하죠. 우리 둘 사이에서 '꼭꼭꼭'은 '사랑해'라는 표시이고 '꼭꼭'은 '나도'라는 표시입니다. 우리는 서로 손만 잡고 다니는 것이 아니라 자주 '꼭꼭꼭, 꼭꼭'을 한답니다."

그렇게 말씀하시고 나서 남편은 이와 같이 또 부언하셨습니다.

"사실 우리 부부가 '꼭꼭꼭, 꼭꼭'을 시작한 게 아니에요. 따라 하는 거랍니다. 이웃에 우리보다 더 나이 많으신 노부부가 살고 계십니다. 마치 젊은 연인처럼 손을 꼭 붙잡고 다니셨답니다. 한데 부인이 갑자기 뇌졸중으로 쓰러지더니 의식을 잃고 말았습니다. 중환자실에 누워 있는 부인은 산송장일 뿐이었죠. 호흡만 붙어 있을 뿐이지 말을 하나 움직이기를 하나 죽을 날만 손꼽고 있는 상황이었습니다. 그러던 어느 날 남편이 방문했을 때였습니다. 경황이 없어서 그동안 아내에게 하지 못한 일이 있는 것을 알았습니다. 즉시 아내 손을 붙잡아 주었습니다. 또한 전에 하던 대로 엄지손가락을 펴서 '꼭꼭꼭(사랑해)' 하고 따박 따박 세 번 눌러 주었습니다. 그런데 바로 그 순간이었습니다. 아내의 엄지손가락이 서서히 움직였습니다. 그리고 힘겹게나마 '꼭꼭(나두)' 하고 남편의 손등을 누르며 반응했습니다. 아, 아내가 살아 있는 것이었습니다.
그때부터 남편은 아내 곁에서 손을 붙잡고 계속해서 '꼭꼭꼭' 했고 아내 역시 '꼭꼭' 하고 화답했습니다. 게다가 아내의 손에 힘이 점점 더 들어가는 것이 느껴졌습니다. 참 기뻤습니다. 얼마 후에는 놀랍게 아내의 의식도 돌아왔습니다. 기적이 일어났습니다. '꼭꼭꼭, 꼭꼭'이 아내를 살려낸 것입니다. 다 죽어가던, 다 꺼져가던 아내의 생명의 심지에 '꼭꼭꼭, 꼭꼭(사랑해, 나두)'이 스파크를 계속 일으켜서 생명의 불꽃이 다시 타오르게 했습니다. 사랑이 죽어가던 생명을 구해 낸 것이었습니다. 이 감동적인 사실을 알고 나서 우리 부부도 작정을 하고 손을 서로 붙잡고 다니면서 '꼭꼭꼭, 꼭꼭'을 실천하기 시작했습니다. 정말 너무너무 행복합니다."

남편은 여기까지 얘기하고 나서 엄지손가락을 펴 보이며 다음과 같이 권유했습니다.
"당신도 아내와 함께 해보시겠습니까?"

만지면 산다

죽은 아이 살려낸 엄마의 가슴

2010년 3월 25일, 호주의 산모인 케이트 오그[99]는 임신 27주 만에 남녀 쌍둥이를 조산했습니다. 딸 에밀리는 비교적 건강했지만, 아들 제이미는 체중도 1kg에 불과했고 숨을 쉬지 않는 등 상태가 심각했습니다. 의료진은 제이미에게 20분간 응급처치를 했지만, 호흡이 되돌아오지 않자 결국 사망선고를 했습니다.

의사가 물었습니다. "혹시 아기의 이름을 미리 정해두셨나요?" 침대에 누워 있던 산모 케이트 오그는 떨리는 목소리로 '제이미'라고 답했습니다. 의사가 돌아서며 말했습니다.

"미안합니다. 제이미는 우리 곁을 떠났습니다."

하지만 오그와 그의 남편은 아들을 포기하지 않았습니다. 의사에게 아들과 마지막으로 대화할 기회를 달라고 부탁했고, 의사는 담요로 감싼 제이미의 작은 시신을 산모에게 건넸습니다. 케이트가 아들에게 이별의 인사를 전할 수 있는 마지막 시간이었습니다. 아기를 품에 꼭 안은 케이트가 환자복 상의를 벗고, 아기의 몸을 감싼 담요도 벗겨냈습니다. 축 처진 아기의 작은 몸을 따뜻한 가슴으로 꼭 안았습니다. 그렇게 2시간 동안 제이미를 안고 두드리며, 계속 이야기를 들려주었습니다. 오그는 제이미의 볼을 맞대고, 다음과 같이 속삭였습니다.

"제이미, 너를 사랑해. 너희 쌍둥이와 함께 행복하게 살고 싶어."

그리고 자신의 젖을 손가락에 묻혀 제이미의 입에 넣어주었습니다. 그런데 기적이 일어났습니다. 제이미는 엄마 품에 안긴 지 얼마 후 움직이기 시작했고, 두 시간 후 눈을 떴습니다. 조금 전 사망선고를 내렸던 아기가 눈을 뜨자 의료진은 믿지 않는다는 반응을 보였습니다.

이 엄마가 선택한 방법은 캥거루 케어Kangaroo Care 입니다. 캥거루 케어란 아기와 살을 맞댄 채 엄마나 아빠의 심장 소리를 들려주는 방식으로, 마치 캥거루가 새끼를 배에 있는 아기주머니 속에 품는 것 같다고

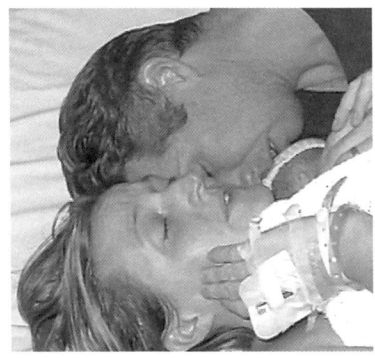 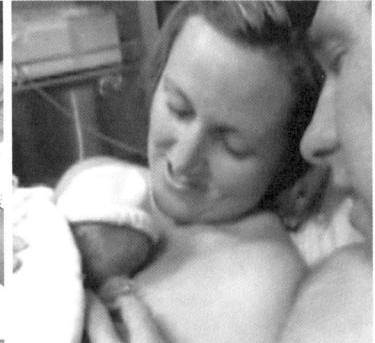

해서 붙여진 이름입니다. 맨몸으로 엄마 품에 아기를 안는다는 의미에서 '피부와 피부가 맞닿는 접촉skin-to-skin contact'이라고도 불립니다.

오그는 '제이미가 내 손가락을 살며시 잡았을 때 기적이 일어났다는 것을 직감했다'고 말합니다. 미국의 CBS 방송은 생후 5개월 뒤 인터뷰를 통해서 쌍둥이 모두 건강하다는 것을 보여주었고, NBC에서도 만 두 살인 제이미가 건강함을 보여주었습니다. 우리나라에서도 얼마 전 MBC스페셜에서 다루었지요. '기적의 베이비' 제이미는 성장하면서 언론과 학자들의 주목을 받게 될 것 같군요. 사랑이 넘치는 엄마 품 안에서 건강하게 잘 자라고 있으리라 믿어집니다.

엄마의 접촉에 의해 살아났으니 분명 '엄마 손은 약손'이라는 일반적인 믿음이 사실임을 제이미는 입증한 것입니다.

절박함이 탄생시킨 원초적 접촉

미숙아를 조산하는 경우, 대부분의 병원에선 감염을 우려해서 개별적인 인큐베이터 시설을 통해 격리시키고 있습니다. 신생아 집중치료실Neonatal Intensive Care Unit이라는 환경에서 엄마와 아이의 접촉은 제한되어 있습니다. 이런 접촉 감소로 인해 엄마는 자신의 아기를 지각하는 데 혼란을 느끼고, 애착 형성과 모성 역할에 대한 이해와 수용에 자신감이 결여됩니다. 또한 아기의 생존에 대한 불투명한 사실 때문에 불안을 겪게 됩니다.

요즘은 캥거루 케어 혹은 약손요법과 같이 부드럽고 따뜻한 접촉을 많이 활용하고 있습니다. 이러한 접촉을 많이 받은 미숙아는 그렇지 않은 미숙아보다 수면량이 늘고, 덜 울고, 체중과 키가 늘고, 모자간의 애착이 강화된다는 등 긍정적인 연구결과들이 국내외에서 나오고 있습니다.

1978년 콜롬비아 보고타 산 이그나시오 병원의 사나우리아 박사에 의해 처음 시행된 캥거루 케어는, 조산아 증가로 인큐베이터가 턱없이 부족한 콜롬비아 의료계가 엄마의 체온으로 신생아를 보온하려는 절박한 상황에서 찾은 비상수단이었다고 합니다. 이 방법으로 저체중아의 생존율이 개선되었을 뿐 아니라 모자의 접촉이 애착 형성을 유도해 아기를 버리는 경우도 현저하게 감소되는 등 예상치 않았던 효과가 컸습니다. 그 후 유니세프가 저체중아 보육방법으로 권장하는 것이 이 '캥거루 케어'라는 스킨십 이용법으로, 현재 가장 많이 활용되는 신생아 관리법입니다.

캥거루 케어의 핵심은 바로 배꼽부터 가슴까지 맨살을 밀착시키는 것인데, 피부가 맞닿을 때 특수감각섬유를 자극해 뇌에 쾌락 신호를 보내고 이는 뇌섬엽 피질로 가서 '옥시토신'을 분비하게 합니다. 이 옥시토신은 뇌간으로 가서 아기 뇌에 스트레스로 인한 긴장 상태가 아니라 안정적이고 편안한 상태, 즉 '부교감신경통제'를 증가시킵니다. 옥시토신의 또 다른 효과는 고통을 느끼는 지각능력을 감소시킨다는 데 있습니다. 그래서 캥거루 케어를 받고 있는 아기에게 주사를 놓거나 혈액채취를 해도 캥커루 케어를 받지 않는 아이보다 상대적으로 덜 울게 됩니다.

또한 피부가 맞닿는 스킨십이 두뇌 발달에 효과적임을 뒷받침하는 이론 중 하나는 피부의 태생이 뇌와 같다는 사실입니다. 피부는 태내에서 만들어질 때 뇌와 마찬가지로 외배엽으로부터 발달하므로 '제2

의 뇌'라고 불립니다. 이처럼 피부와 뇌는 섬세한 회로로 연결되어 서로 정보를 주고받기 때문에 피부의 아주 약한 자극도 뇌에 잘 전달됩니다. 아기를 더 많이 안아줄수록 뇌가 발달하는 것은 이런 이유 때문입니다.

접촉 굶주림

접촉이 없는 삶, 성장을 멈춘다

"인간은 접촉 없이 살아갈 수 없다"라고 애슐리 몬태규는 말합니다. 특히 돌봄과 보살핌의 손길이 없어서는 안 될 생애 초기에 접촉의 필요성은 절대적입니다.

이를 뒷받침할 수 있는, 인간 집단에서 '접촉 박탈' 경험이 주는 위협적인 결과를 연구할 수 있었던 기회가 두 차례 있었습니다. 이는 헝가리 정신과 의사이자 정신분석가인 르네 스피츠^{René Spitz}가 관찰한 아동보호시설 아동들에 대한 연구와 1990년 루마니아 차우세스쿠^{Ceausescu} 독재정권이 무너지고 공개된 고아원 사례입니다.

스피츠의 연구결과는 제2차 세계대전이 끝나던 해인 1945년에 발표되었습니다. 감옥 아동보호시설 등에서 어머니와 분리된 아동들이 그의 관찰 대상이었습니다. 보호시설들은 국가적인 지원을 받으며 아이들에게 충분한 음식을 제공하고 청결한 위생 상태를 제공했습니다. 그럼에도 3분의 1 가량의 아이들이 생애 첫해를 넘기지 못하고 죽어

갔고, 남은 아이들도 신체적으로나 정신적으로 발달이 부진했습니다. 그 이유는 밝혀지지 않았습니다. 원인도 모르게 아이들이 수척해지면서 죽어가는 병을 '소모증 Marasmus'이라 했습니다.

멕시코에서 겨울 휴양을 즐기던 어느 날, 휴양지 근처의 한 고아원에서 스피츠는 뜻하지 않았던 발견을 하게 됩니다. 그 고아원은 위생적이지도 않았고 영양공급 상태도 형편없었지만 아이들은 모두 행복해보였습니다. 뺨은 발그레하게 혈색이 돌았고 건강미가 넘쳐흘렀으며, 별로 울지도 않았습니다. 그 고아원에 몇 달간 머물면서 아이들을 관찰한 결과 아이들이 건강한 것은 이웃마을에 사는 부인들 때문이라는 사실을 알게 되었습니다. 그들은 날마다 고아원을 찾아와 아이들을 안아주고 이야기도 들어주고 노래를 불러주었습니다. 이러한 경험을 바탕으로 《생의 첫해 The First Year of Life》1965를 냈는데 그의 책에 이런 구절이 있습니다.

> 접촉을 가진 아이는 건강하게 자랐다. 그러나 늘 유모차에 실린 채 피부 접촉도 없이 자란 아이들은 점점 약해졌고 접촉 결핍증 때문에 세포들이 죽어갔다.

많은 고아들이 의학적인 이유도 명확하지 않은 채 시름시름 앓다가 죽어갔던 까닭이 돌보아줄 보모의 수가 턱없이 부족했다는 데 있다는 것이 명확했습니다. 음식은 아이들의 배는 불려주었지만, 신체적 접촉을 통해서 보살핌을 받고 싶은 정서적 욕구를 채워줄 수는 없었던 겁니다.

사람은 먹는 것만으로 살 수 없고, 사랑이 채워져야 살아갈 수 있는 존재이며, 접촉의 결핍은 아기들의 신체적 · 정서적 미성숙, 인지 발달의 둔화뿐 아니라 죽음을 야기할 수 있는 심각한 현상임을 입증한 첫 번째 연구였습니다.

사랑의 대상이자 절대적인 의존의 대상인 어머니와의 분리와 상실로 겪게 되는 소모적인 증상은 스피츠에 의해 '의존성 우울 anaclitic depression'이라고 불리게 되었습니다. 3개월 이상 어머니의 보살핌을 받지 못한, 모성박탈로 인한 의존성 우울증의 증상으로는 정서적 위축과 불안으로 지속적인 울음, 크게 소리 내어 울기, 퇴행, 흐느끼기, 후에 접촉 장애와 정서적 무감동 Apathy 상태, 무관심, 식사 거부, 수면 장애, 체중 감소 등이 있습니다.

이를 다시 확인할 수 있는 기회가 1990년 루마니아 공산 체제가 무너졌을 때 주어졌습니다. 개인적으로 따뜻한 보살핌이 주어지지 않는 열악한 환경에서 방치되듯 자라난 수많은 루마니아 고아들의 참담한 실상이 드러났습니다. 루마니아 고아원 아이들에게선 애착 장애, 집중력 결핍, 과잉 행동, 자폐 양상, 인지 능력의 이상이 나타났는데, 이는 어릴 때 고아원이란 환경에서 모성의 박탈, 접촉 박탈과 관련이 있는 것으로 밝혀졌습니다. 아이들의 정서적 측면이 제대로 발달하지 못해 주위 사람들과 어울리는 데에서 기쁨이나 즐거움을 느끼지 못했고, 야단을 맞거나 욕을 먹어도 별로 개의치 않았습니다. 그저 '무관심'할 뿐이었습니다.

접촉 위안 실험

실험적인 상황을 만들어서 '접촉'에 관한 연구가 시작된 것은, 인간과 비슷한 원숭이를 대상으로 한 미국의 심리학자인 해리 할로^{Harry Harlow}의 실험^{1958년}으로부터라고 할 수 있습니다. 그는 신체접촉이 어미 원숭이가 새끼를 돌보는 데 아주 중요한 요인 중의 하나라는 것을 발견하였습니다.

할로의 실험에서 연구목적은 어린 원숭이가 대리엄마에게 애착을 느낀다면 이 중 어떤 특성, 즉 젖이 나오는 젖꼭지나 부드럽고 포근한 촉감을 느낄 수 있는 담요 중 어느 것이 애착을 유도하는 데 더 효과적인가를 보려는 것이었습니다. 할로가 실험을 시작하기 전만 하더라도 사랑의 마음이란 보상의 차원에서 발생하는 것이라 생각했습니다. 행동주의 심리학의 조건반사와 같이 보상이론이 배경이 된 겁니다. 즉, 부모가 아이를 보살피면 그 아이는 부모의 보상 때문에 사랑의 마음이 생겨난다고 생각했습니다. 그래서 올바른 아이로 자라게 하기 위해서는 적절한 보상을 적당히 조절하기만 하면 될 것이라는 생각이 지배적이었습니다. 하지만 그러한 생각은 할로의 실험을 통해 뒤집어집니다.

할로는 붉은털원숭이 새끼를 어미로부터 강제로 떼어놓은 후 두 인형이 있는 방에 가둬두었습니다. 하나는 철망으로 만들어진 몸에 젖병이 매달려 있는 원숭이 인형이었고, 다른 하나는 마분지로 만든 몸통에 천을 감아 만든 원숭이 인형이었습니다. 실험을 시작하기 전만 하더라도 당연히 젖을 주는 인형에게 원숭이가 애착을 가질 것이라 생각했습니다. 하지만 결과는 그렇지 않았습니다.

새끼 원숭이는 처음에는 어미와 떨어진 공포에 울부짖고 사방에 대소변을 뿌리고 고함을 질렀지만 어떠한 노력으로도 어미에게로 돌아갈 수 없다는 것을 알고, 인형 원숭이에게 매달렸습니다. 그런데 그 매

접촉 위안 실험, Harry Harlow, 1958.

달린 대상은 젖을 주는 철사 인형이 아닌 부드러운 담요 인형이었습니다. 특히 낯선 물체가 나타났을 때에는 더욱 담요 인형에 매달렸으며, 담요 인형과 같이 있을 때에는 좀 더 용감하게 익숙하지 않은 장소를 더 잘 탐색하였습니다. 이 실험의 결과는 명확합니다. 어린 원숭이에게 필요한 것은 단순한 먹이의 '보상'이 아니었던 것입니다.

할로는 먹이가 아닌 '접촉 위안contact comfort'이 어린 원숭이가 어미로부터 형성하는 애착에 더 중요한 변수라고 결론을 내렸습니다. 이 실험을 통해 할로는 '접촉이 애착의 형성에 얼마나 크게 작용하는가'를 알게 되었고 곧 학술지[27]에 발표하게 됩니다.

이러한 실험 결과들을 통해 우리는 인간의 애착 시스템에 대한 많은 것을 알게 되었습니다. 접촉에 굶주린 아이는 잘 먹지 않고, 두뇌와 건강에 돌이킬 수 없는 손상을 입게 됩니다. 또 성인이 되어서도 사회, 이성 관계에 적응을 못하고 우울증과 불감증에 시달리게 될 확률이 높습니다.

동물보다 더 오랫동안 양육자의 보살핌을 받아야 하는 인간의 경우, 어린 시절에 엄마로부터 따뜻한 접촉의 보살핌을 적절하게 받았는지, 또 아이의 요구에 잘 응답하며 반응해주는 엄마가 옆에 있어 주었는지가 아기의 성장에 적지 않은 영향을 미친다는 사실을 잊지 말아야 합니다.

애착 시스템

사랑해서 단념할 수 없는

아기는 누군가의 보살핌을 받을 수 있도록 인간 유전 프로그램 중 한 요소인 특별한 시스템을 가지고 태어납니다. 그것은 바로 존 보울비가 이름 붙인 '애착 행동 시스템'입니다. 사랑하고 아껴서 단념할 수가 없음, 또는 그런 마음을 일컫는 '애착愛着: attachment'이란 아기와 아기를 돌보는 사람, 즉 아기와 엄마 사이에 형성되는 친밀한 정서적 유대감을 말합니다. 아기는 자신이 지니고 태어난 애착 시스템을 활용해 엄마가 자신에게 애착을 갖기 이전부터 자신을 사랑하고 보호할 수 있도록 유도합니다. 여기서 주된 양육자가 엄마가 아니라 다른 사람일지라도 아이에게는 엄마가 애착의 강력한 선호대상입니다. 왜냐하면 아이가 엄마 뱃속에 머물고 있던 태아시절부터 엄마와의 접촉에 익숙해져 있기 때문입니다.

존 보울비는 애착이론의 아버지라고 불리고, 이 애착이론은 매리 에인스워스에 의해서 정교하게 발전했습니다. 이들은 서로 협력하면서 어머니의 양육 방식이 자녀의 애착형성의 질에 어떠한 영향을 미치는지, 엄마와 아이를 인위적으로 분리하게 되면 아동은 어떤 반응을 하는지 탐색함으로써, 인간을 대상으로 사랑에 대한 첫 번째 과학적 연구를 해냈습니다. 애착 이론의 근거는 보울비의 책 《애착, 분리, 상실 Attachment, Separation, and Loss》1969에 제시되었습니다. 보울비는 모자간의 긴밀한 유대 bonding는 살아남기 위한 원시적인 충동들의 감소 결과일 뿐만 아니라 엄마와 최초로 연합되는 친밀한 관계를 위한 욕구 때문에 일어난다고 결론지었습니다.

보울비는 영국 런던의 태비스톡클리닉 아동치료부서에서 부국장으로 일하면서 아이가 부모와 떨어져서 장기간 입원하거나 시설에서 지낼 경우 정신적으로 심각하게 피폐해지는 것을 목격했습니다. 그러한 외상성의 분리와 상실에 대해 아동이 보인 최초의 반응은 다름 아니라 '항의'였고, 그 뒤 '절망'으로 이어졌으며, 마침내 '거리두기'로 나타났습니다.

본능적인 애착 행동의 세 가지 유형

위협적이거나 불안정한 상태에 나타나는, 선천적이면서 본능적인 애착 행동의 세 가지 유형은 이런 것입니다.[28]

애착 대상과 가까이 있으려고 애쓰기

주로 엄마인 애착 대상에게 아이가 매달리고, 부르고, 기어가는 행위는 어린아이에게 생물학적으로 입력되어 있는 행동 유형의 일부로서 '근접성'이 주는 안전함을 확보하기 위한 것이다.

'안전기지'로 애착 대상을 활용하기

유아들이 잠시 엄마에게서 떨어져 탐험을 하고 난 뒤 다시 한 번 탐험을 시작하기 전에 '재충전'을 하려고 엄마에게 되돌아오는 행동. 애착 대상이 보호와 지지를 제공해주는 안전기지가 되어 준다면, 아이는 자유롭게 탐험한다. 그렇지 못한 환경에선 탐험은 중단된다.

'안전한 피난처'로서 애착 대상에게 달려가기

인간은 위협에 직면하면 안전을 얻기 위해 굴이나 동굴과 같은 어떤 장소를 찾는 것이 아니라 '더 강하고, 강하거나 현명하다'고 여겨지는 사람과 함께하려고 한다. 유아의 생존에 대한 안팎의 위협과 '자연적인 위험의 단서'(예컨대 어둠, 큰 소리, 낯선 환경), 그리고 엄마와의 실제 분리 혹은 곧 일어날 것 같은 분리 예감은 모두 애착 행동의 특징인 근접성을 추구하는 행동을 나타나게 할 수 있다.

애착 행동을 이끄는 시스템에서 정해진 목표는 양육자와 가까이 하려는 거리의 조절이 아니라 자신이 '안전한가 하는 느낌'의 획득입니다. 이런 느낌은 객관적으로 측정할 수 있는 것이 아니라 아이가 어떻게 받아들이고 있느냐에 따르는 지극히 주관적인 상태입니다. 아이의 '안전함'에 대한 느낌은 양육자의 행동뿐만 아니라 아이 자신의 기분과 신체적인 상태 및 상상을 포함해서 아이의 내적인 경험에 의해서도 결정됩니다.

아플수록 다가가고 싶은 애착 대상

우리나라 대구 지하철 대참사 때 불이 나서 죽어가는 상황에서, 미국에선 9.11 사태와 같은 위협의 순간에서 사람들은 핸드폰으로 가까운 사람들을 찾고 사랑하는 사람의 사진을 꺼내 보았습니다. 이렇게 위협이 극심할수록 연결되고자 하는 욕구는 더 강해집니다. 천둥소리가 요란하고 번개가 번쩍일 때 아이들은 엄마 품으로 뛰어듭니다. 긴급할수록, 공포가 클수록, 많이 놀라서 어쩔 줄을 몰라 할 때도 애착의 대상인 엄마에게 피부가 닿도록 가까이 다가가서 강하고 넓은 접촉으로 연결되기를 원합니다. 이처럼 우리 생활 속에서도 애착행동은 드물지 않습니다. 신체적으로 친밀함을 체험하고 확인하는 행동은 유아의 생존에 필수적인 요소입니다. 하지만 이것은 더 나이가 들었어도, 또 어른이 되었어도 감정적으로 반드시 필요한 요소라는 점은 분명합니다.

주된 양육자이면서 애착의 대상인 엄마와 아이의 신체적인 접촉은 애착 형성에 결정적인 영향을 미칩니다. 애착 형성의 결정적 시기는 생후 3년 정도까지입니다. 물론 그 이후에도 애착 행동이 필요합니다. 하지만 이 생애 초기의 단계에는 아기를 많이 어루만져 주고, 토닥여 주며 안아주는 접촉이 더욱 중요하다는 말입니다.

엄마가 어떠한 사정으로 아기와 함께 보낼 수 있는 시간이 부족하더라도 아기를 돌보는 시간만큼은 아기가 보내는 신호에 민감하게 반응해주고, 신체적인 접촉을 많이 해준다면 아기와 안정적인 애착관계를 맺을 수 있습니다. 엄마와 아이의 애착 형성에는 접촉 시간의 양도 중요하지만 질적 수준도 중요하니까요.

ⓒ황문성

이것은 '조율'의 문제입니다. 엄마와 아이의 관계를 현악기 연주자와 악기의 줄 고르기의 예로 생각해보면 좋을 듯하군요. 좋은 연주자는 각각의 줄들이 내는 울림을 들으며 줄의 요구를 파악합니다. 느슨해진 줄은 당겨주고, 팽팽한 줄은 늦춰주고 각각의 선을 잘 조율해줌으로써 악기는 조화로운 소리로 화음을 낼 수 있게 되는 겁니다. 관심을 잃었거나 게으른 연주자로부터 방치된 악기는 오래가지 않아 망가집니다.

대부분의 엄마들이 자신의 아기를 사랑하지만 그 사랑을 안정적인 애착관계로 연결시키지 못합니다. 아기의 신호에 민감하게 반응하지 못하기 때문입니다. 아기가 울어도 그냥 내버려두어서 방치하거나, 아기의 울음소리에 엄마가 오히려 당황해서 어쩔 줄 몰라 하거나, 심지어 자신의 감정을 이기지 못해 짜증을 부리거나 화를 내면 불안정한 애착 관계로 이어집니다.

애착은 부모의 사랑이 담긴 부드러운 손길과 따뜻한 접촉에 의해 보다 안정적으로 탄탄해집니다. 해리 할로의 원숭이 실험에서도 볼 수 있었듯이 아기가 따뜻한 엄마의 피부를 그리워하는 정도는 음식을 원하는 생리적 욕구보다 훨씬 강합니다. 엄마 뱃속에서 나와 새로운 세상이 낯선 아기는 자신의 안전함을 확인받고 싶어서 지금도 끊임없이 자신을 보듬고 돌보아줄 누군가를 찾고 있습니다. 아기들은 돌봄의 손길, 접촉이 필요하다는 신호를 보내고 있습니다. 아기에게 있어서 애착의 대상으로 사랑하고 아껴서 단념할 수가 없는 엄마는 아기에게 '사랑받고 있는 느낌'을 접촉으로 돌려주어야 합니다. 그것이야말로 엄마가 사랑하는 아기에게 보내는 최고의 응답이고 선물입니다. 밥보다도 더 귀한.

절대 고립孤立 또는 절대 고독, 그 외로움에 몸을 떨다.

홀로 그 사람들과 생각들의 물결 사이에 머물고 있는 나를 바라보면서
새삼 한 인간 개체로 이 세상에 존재한다는 것은
망망대해 드넓은 바다에 홀로 떠 있는 섬과 같다는 생각이 들다.

사람의 섬은 생명 있는 동안 바다 위에 모습을 드러내고 있으나
사람의 섬은 생명이 흩어져 버리면 바다 위에 그 모양이 사라진다네.

하지만 사람의 섬이란 대자연의 근원에 뿌리를 깊이 내리고 있어서,
언젠가 흩어져 버린 생명의 숨결들이 다시 모이면
돌 틈의 이끼부터 지나가던 철새들이 뿌려놓은 씨앗들로 섬의 생명이 살아나
바다 위에 다시 빼곡히 그 모습을 드러내리니.

섬이란, 하나이면서 여럿이고 여럿이면서 하나이고,
섬이란, 있으면서 없고 또 없으면서도 있는 것.

섬이란, 크건 작건, 잘났건 못났건, 척박하건 비옥하건
모두 한 뿌리 한 근원으로부터 온 것이건만.

4

인간관계를 돕는 터치

접촉소통

닿으니까 마음이다

당신은 내게 그렇게

> 내가 그의 이름을 불러 주기 전에는
> 그는 다만 하나의 몸짓에 지나지 않았다
>
> 내가 그의 이름을 불러 주었을 때
> 그는 나에게로 와서 꽃이 되었다

김춘수 시인의 아름다운 시 〈꽃〉 중 앞 구절입니다. 지천에 피어 있는 수많은 꽃들, 그 가운데에서도 내 눈길이 닿고 내 마음이 움직여 '너 참 아름답구나' 하고 탄성을 올리게 하며, 마침내 손길을 내밀게 하는 어떤 꽃이 세상에는 존재합니다. 내가 내민 손길로 특별해지는 관계 말입니다. 우리는 누군가와의 만남에서 '접촉'이란 의식을 통해 누군가에게 '이름'을 붙이고 특별한 관계를 맺습니다.

무수히 많은 사람들이 오고가는 거리 한가운데 가만히 서 있다 보

ⓒ이달희

면 나는 마치 섬과 같다는 느낌이 듭니다. 바다의 파도처럼 흘러가는 사람들 가운데 내 삶에 의미를 주었던 어느 한 사람과 마주치게 된다면 얼마나 반가운지요.

바라보고, 마음이 가고, 손길이 닿으면서, '당신'이라는 존재에게는 이름이 붙여집니다. 내게 '당신'은 어떠한 의미가 됩니다.

관계는, 그렇게 '접촉'으로 시작됩니다. 외로운 섬은, 그렇게 '접촉'으로 대지와 연결됩니다.

피부에서 마음을 본다

싱글들을 위한 짝 맺어주기 프로그램인 〈짝〉을 보면 '예측하기 어려운 것이 사람 마음이구나' 하는 생각을 다시 하게 됩니다. 그들, 선남

선녀들 사이에는 정말 미묘한 감정 교류가 있어서 관계가 반전에 반전을 거듭합니다.

몇 '호'라고 불리는 한 여성 출연자는 자신에게 적극적인 남자와 소극적인 남자 사이에서 고민을 하다가, 모든 이들의 예상을 뒤엎고 소극적인 남자를 선택합니다. 그 여성의 대답은 이러했습니다.

"해변에서 춤을 출 기회가 있었는데, 손과 어깨를 잡는 순간, '아, 이 사람이다'라는 느낌이 오더라구요."

누군가의 손길이 내 피부에 와닿는 순간 그 감각체험은 아주 짧은 순간이지만 모든 정보를 종합해서 내 마음에서 느낌이 일어나게 합니다. 말로 옮겨지는 어떠한 정보는 판단이라는 사고과정을 거치지만 이러한 신체적인 접촉 신호는 즉각적으로 반응하게 합니다.

사회생활을 하다 보면 누군가와 손을 잡을 일이 많이 생깁니다. 선거철에 입후보자와 손을 잡으면 '이건 공적인 접촉이군' 하며 빨리 손을 빼고 싶을 정도로 그 느낌은 '건조'합니다. 하지만 사랑하는 사람과 처음 마주 잡은 손길의 느낌은 가슴을 두근거리게 하고, 얼굴을 발그스름하게 하며, 눈동자의 동공이 크게 벌어지게 하는 정서적 흥분상태로 만들어버립니다. 지극히 사적인 이러한 접촉은 마음이 아니라 몸의 변화까지도 금방 나타나게 만듭니다.

이처럼 접촉에 대한 느낌은 제각각의 사람마다, 그때 상황에 따라 달라집니다. 접촉의 장면에선 그 대상과 관련된, 아니면 그러한 접촉의 체험이 주는 정서적 기억과 연관된 감정이 드러납니다. 그래서 접촉이 이루어지는 피부의 장에선 진심이 담긴 감각적인 또는 정서적인 '소통이 이루어진다'고 봅니다. 중요한 커뮤니케이션의 근거가 되는 거지요. 한 마디로 정리하자면 '피부는 우리의 정서를 비추어주는 거울'이라고 할 수 있겠군요.

근육을 포함하는 피부는 정서와 건강상태에 따라서 끊임없이 변화된 모습을 보여줍니다. 흥분하면 떨리거나 실룩거리고, 정신적 충격을 받으면 마비가 되며, 수치심을 느끼면 붉어지고, 겁에 질리면 창백해집니다. 혼자 있을 때보다 타인과 함께 있을 때 더욱 반응은 민감해집니다.

말이나 표정보다 더 감정을 전달하는 접촉

●

영화 〈미션 Mission〉은 제게 큰 감동을 준 영화 중 한 편입니다. 종교라는 이질적인 문화현상을 전하기 위해 선교사는 목숨을 걸고 오지로 찾아갑니다. 선교사와 원주민이 처음 만나던 그 장면은 아주 긴장된 순간이었습니다. 이질적인 문화와 사람에 대한 극도의 경계와 저항을 담은 원주민들의 날카로운 공격의 화살을 바라보면서 선교사는 오보에를 꺼내 연주합니다. 말은 통하지 않지만 부드러운 음악으로 마음을 전하면서, 이를테면 비언어적인 메시지를 전달한 것입니다. 이들은 마침내 그에게 손을 내밉니다. 접촉을 통해 서로 연결됨을 느끼게 해주었던 그 감동적인 장면은 아직도 생생하게 떠오릅니다.

미국 드포우대학 심리학과 매튜 J. 헤르텐슈타인^{Matthew J. Hertenstein} 교수 연구팀은 접촉이 실제로 감정을 전달하는 데 얼마나 효과적인지 연구[29]했습니다. 그 결과, 서로 보지 않고 말을 주고받지 않은 채 단지 접촉만으로도 슬픔이나 두려움과 같은 서로 다른 특정 감정을 아주 조용하게 전달할 수 있다는 연구결과가 나왔습니다.

> 미국과 스페인 학생 212명에게 접촉을 통해 다음의 8가지 감정—화 · 두려움 · 행복 · 슬픔 · 혐오 · 사랑 · 감사 · 동정—중 하나를 다른 사람에게 전달하도록 했다.
> 접촉을 당하는 사람은 눈을 가려 자신을 만지는 사람이 여성인지 남성인지를 알지 못하게 했다. 만지는 사람은 8가지 감정 중 하나를 모두 말없이 전달하도록 사전에 지도를 받았다. 접촉을 당하는 여성과 남성은 매번 접촉할 때마다 8가지 중 어떤 감정이 느껴졌는지를 말하도록 했다.
> 실험 결과, 접촉을 통해 감정이 제대로 전달되는 비율은 48~83퍼센트인 것으로 나타났다. 말이나 표정을 통한 연구와 비교를 통해 기대했던 비율보다 무려 11퍼센트나 더 높게 나왔다.

헤르텐슈타인 교수는 메시지 전달 체계로서 접촉의 힘에 대해서 미국의 일간지 〈뉴욕타임스〉를 통해 이렇게 이야기하는군요.

"이번 연구결과는 터치의 힘이 얼마나 강력한지를 보여주고 있습니다. 메시지를 전달하는 대부분의 접촉은 단지 5초 정도 걸렸습니다. 하지만 이 짧은 순간에도 우리는 감정을 분명하게 전달할 수 있었습니다. 마치 얼굴로 하듯이 말입니다. 접촉은 우리가 이전까지 알지 못했던 복잡한 메시지 체계입니다."

말로 하는 소통을 넘어

비언어적인 의사소통의 범주

　말로 하는 대화는 인간의 의사소통 방식의 많은 형태 중 단지 한 가지일 뿐입니다. 생각과 의도를 나누기 위해서 우리는 몸의 감각들을 사용하면서, 의식적이거나 무의식적으로 많은 비언어적 형식들을 사용합니다. 그 비율은 사람과 상황에 따라 다르겠지만 미국의 워싱턴 스포켄의 비언어연구소 소장인 데이비드 기븐스David Givens는 보통 60~93퍼센트 정도라고 추정하고 있습니다.

　의사소통에서 비언어적인 요소들 중 80개 이상이 얼굴과 머리에서 발생하고, 55개는 몸에서 나온다고 합니다. 몸의 소리는 몸의 변화를 눈여겨보면 들을 수 있습니다. 한 가지 반응이 한 가지 의미로 해석되기도 하지만 신체 반응은 전체적인 맥락 속에서 해석되어야 합니다.

신체적인 표현

　긴장과 이완, 좋고 싫음, 불안, 두려움, 그리고 희로애락과 관련된 모든 정서적인 반응은 신체적으로 표현됩니다. 얼굴이 붉어짐, 식은땀을 흘림, 호흡이 빨라지거나 느려지는 변화, 근육의 긴장과 수축 또는 팽창, 눈의 습기, 얼굴 창백해짐, 콧구멍의 벌렁거림, 신체 부분들의 무의식적인 움직임, 장이 꼬이거나 위가 뭉쳐서 체한 듯한 내장 체험, 마비, 손발의 저림, 체온의 급작스런 변화 등을 포함합니다.

- 기분은 어깨에 나타난다

어깨를 으쓱한다, 어깨를 편다는 신체적인 표현은 자신감을 드러내는 당당한 모습입니다. 반대로 어깨를 늘어뜨린다, 어깨를 움츠린다는 말은 의기소침하여 기세가 꺾인 모습을 말합니다. 무엇인가 부담을 느끼게 되는 상황을 표현할 때 '어깨가 무겁다'라 하고 그 부담을 덜었을 때 어깨가 가벼워진다고 합니다. 진화론의 제창자인 다윈은 어깨를 움츠리고 몸을 웅크리는 것은 양보를 나타내는 자세로 상대로부터 공격을 억제하는 효과를 가진다고 말합니다.

- 정서가 머리 방향에서 나타난다

자신감이 넘칠 때 머리는 힘껏 세워져 있습니다. 하지만 슬픔에 압도되었을 때 머리는 숙여지고 몸은 웅크리게 됩니다. 두려움을 느낄 때는 소름이 끼치면서 몸을 떨게 됩니다. 또 무엇인가에 흥미를 느낄 때는 흥미를 주는 대상의 방향으로 머리를 향하고, 수치심을 느낄 때는 머리를 숙이거나 얼굴을 돌리게 됩니다. 다윈은 슬플 때 머리를 숙이는 것은 혈액순환을 약하게 하기 위한 것이라고 주장합니다. 이처럼 정서에 따라 머리의 위치는 달라집니다.

- 손길이 머무는 곳에 마음이 머문다

놀랐을 때 우리는 가슴에 손을 올리고 쓸어내립니다. 골치 아픈 일이 있을 땐 손으로 이마를 짚고, 무엇인가 골똘하게 생각할 때는 턱을 손바닥으로 받칩니다. 이처럼 손은 감정 표현의 주요한 수단과 도구로 쓰입니다.

대화를 나눌 때 상대방의 손이 그의 몸의 어느 부분에 가있는지를 살펴보면 상대가 어떤 감정과 의향을 가지고 있는지를 파악하는 데 도움이 됩니다. 감정에 따라 손이 무의식중에 몸의 어느 부분에 가게 되는 것은 무의식적인 활동과 관계가 있습니다.

개인공간

많은 요소들이 개인과 개인 사이의 공간적인 거리에 영향을 미칩니다. 공간 안에서 개인 간에 작용하는 힘의 구조, 역할 관계, 성별, 문화적인 요소들, 사회적인 관계, 공적 또는 사적인 입장, 개인과 가족 요소들, 그리고 경계 침해에 대한 과거 경험은 모두 이 범주에 포함됩니다.

눈 마주침

문화권의 관습적 차이는 존재하지만 대체로 눈 마주침은 강력한 의사소통의 도구가 됩니다. 그리고 다른 비언어적 행동들의 의미를 조절하면서 영향을 미칩니다. 사랑은 눈을 마주침에서부터 시작됩니다. 그리고 미움이란 감정은 서로 눈을 안 마주치게 만들지요.

준언어

아, 음, 스읍, 쯔쯔, 쩝 등 사전에 없는 소리로 전달되는 음성을 준언어準言語, paralanguage라고 합니다. 정확한 어휘가 아니더라도 이런 음성 부호에는 특정한 정서적 뉘앙스가 담겨 있습니다. 준언어를 해석할 때는 음조, 강도, 어조, 음의 높이, 길이 또는 반복과 정지가 포함되지만 전체 맥락 안에서 이해됩니다.

얼굴 표정

얼굴은 극도로 발달된 표정 기관입니다. 무표정인 사람도 있지만 얼굴 표정은 그 사람의 상태에 따라 수시로 변합니다. 전달하고자 하는 메시지에 따라 바뀝니다. 이렇게 변화가 다양한 얼굴 표정들은 의도하거나 의식하지 않은 정서들을 전달할 수도 있습니다.

제스처

의도적인 몸짓도 있지만 대부분의 몸짓, 제스처는 비언어적 의사소통의 무의식적이거나 의도하지 않은 양식들입니다. 여기에는 눈살 치켜뜨기, 눈을 가늘게 뜨기, 얼굴 쓸어내기나 만지기, 팔짱을 끼거나 팔 접기, 입술 오므리기, 또는 호흡 변화들이 포함됩니다.

장식품

자기 몸을 감싸고, 치장하고, 가까이하는 모든 도구, 용품들은 그 사람의 상태를 나타냅니다. 특히 여자들의 패션과 메이크업은 그날 그 사람의 정서 상태를 잘 드러냅니다. 일반적으로 선호하는 옷의 색깔이나 디자인풍은 그 사람의 성품이나 성향을 잘 나타냅니다. 그리고 자신을 드러내는 장신구들인 안경테, 머리핀, 브로치, 반지, 구두, 펜, 벨트, 지갑, 넥타이, 가방 등의 액세서리, 그리고 자기 방식대로 장식하여 튜닝한 핸드폰도 여기에 포함됩니다.

말은 이처럼 원초적이고 비언어적인 의사소통 신호를 완전하게 대신할 수 없습니다. 비언어적 의사소통 신호들의 메시지는 말이 시간의 흐름에 실려 사라진 뒤에도 오랫동안 감각과 느낌을 기억하도록 합니다.

의사소통에서 접촉의 기능

일반적으로, 여성은 가정과 사회적으로 보살핌과 어울림의 주체였던 진화생물학적인 이유로 비언어적인 단서들을 해독하는 데 있어서 남성보다 우위에 있습니다.

그래서 그런가요. 남성끼리 대화를 나눌 때는 볼 수 없는 장면들이 여성끼리 대화를 나누는 모습에서 나타납니다. 서로 말로 소통을 하면서도 다양한 신체접촉을 합니다. 손을 잡고, 웃으며 상대방을 때리고, 꼬집고, 어루만지고, 옷에 묻은 머리카락이나 보풀을 떼어주고, 그리고 팔짱을 끼고 걷습니다.

이처럼 의사소통 과정에 개입하는 신체적인 접촉은 어떤 역할을 할까요. 그에 대해서 미국의 리처드 포터와 래리 사모바 Porter & Samovar 등의 연구를 인용한 부산대 추계자 교수의 논문[30]을 참고로 살펴보면, 성^{性} 관련 부분을 제외하고 세 가지로 정리가 됩니다.

감정을 일깨워준다

신체접촉을 통한 상호작용은 흔히 숨겨진 감정이나 느낌을 불러일으키고 자신과 상대방에 대한 새로운 이해심을 갖게 한다.

신호의 기능을 한다

의사소통의 시작과 끝맺음에 필연적인 요소인 인사행위는 대부분 문화에서 악수나 껴안음과 같은 신체접촉과 결부되어 있다. 이런 인사행위 외에도 서로 얼싸 안으면서 축하를 한다든가 자신에게 관심을 돌리기 위한 신호로 팔이나 어깨를 만지는 행위도 접촉을 통해 이루어지는 경우가 많다.

의사소통을 주고받는 기능을 한다

사람의 피부는 단순한 감성 기관만이 아니라 최초의 의사소통 기관이다. 부모와 어린아이와의 의사소통은 신체접촉을 통해 이루어지고 메시지의 의미도 전달한다. 접촉 메시지는 친밀함 또는 적의를 표현하는 등의 정보를 제공한다.

접촉을 그리워하는 사람들

번창하는 접촉산업

최근 해외 토픽을 보면, 일본과 미국에서 포옹 로봇이 연구개발되고 있다고 하는군요.

일본의 도쿄전자통신대 연구진이 독신자용 '포옹 로봇'을 개발했다. 도쿄 3D & 가상현실 엑스포에 전시된 이 로봇의 이름은 '센스-로이드sense-roid'. 실리콘으로 만든 표면에 센서가 달려 있는 '토르소(팔다리가 없는 사람의 몸통)' 형태의 로봇이다.

로봇 표면의 센서는 조끼와 연결돼 실제로 포옹하는 느낌을 만들어낸다. 사용자가 안는 강도와 형태에 따라 공기량이 조절되고, 따뜻한 온기도 전한다. 이 로봇 개발팀은 "로봇의 인공 근육이 사람을 안았을 때와 흡사한 기분을 느끼도록 도와준다"고 설명했다. 독신자 그룹뿐만 아니라 독거노인의 심리 치료에도 사용될 수 있다고 한다.[31]

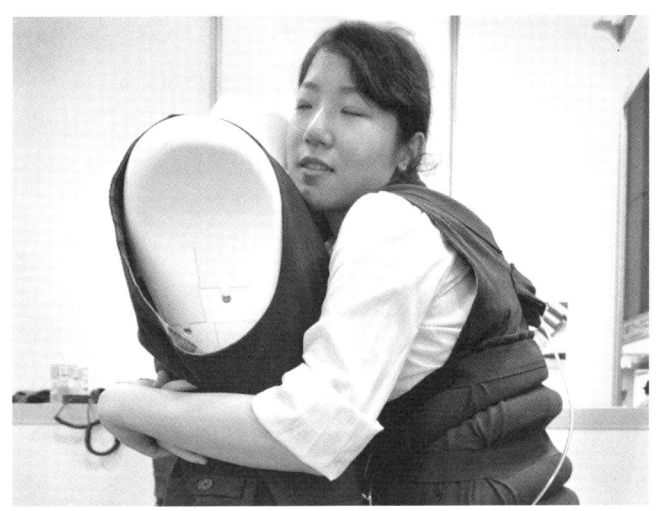
ⓒYoshikazu Tsuno, AFP.

　미국에서 개발중이라는 포옹 로봇은 기능적으로 이와 비슷하지만 실제로 어떤 대상과의 '연결'이 가능할 수 있도록 전화기의 기능을 곁들이고 있다는 점이 눈길을 끕니다. 국가과학연구기금 연구비로 진행 중인 이 프로젝트는 외롭게 말년을 보내는 노인들을 위해 기획됐다고 합니다. 개인주의가 팽배한 미국사회에서 자녀와 오순도순 모여 살며 노년을 보내는 것은 '꿈'입니다. 1년에 한 번 추수감사절이나 크리스마스에 자녀 얼굴을 보는 것도 쉽지 않은 미국에서 '전화나 이메일로는 해소되기 어려운 노인들의 외로움을 줄여줄 수는 없을까'라는 동기에서 로봇 개발을 시작했다는군요.

　미국 카네기멜론대 로봇연구소에서 멀리 떨어져있는 사랑하는 사람에게 포옹을 전송할 수 있는 '포옹로봇' 개발이 한창이다. '포옹^{Hug}'이라고 이름 붙여진 이 로봇은 겉보기에는 포옹하는 사람을 추상화한 커다란 베개다. 목소리 인식이 가능한 전화기, 센서, 진동기, 발열기 등을 갖추고 있다.

서울에 사는 사람이 뉴욕에 있는 애인에게 포옹을 전달하고 싶을 때, 자신의 포옹 로봇을 껴안고, 몸체에 있는 전화기에 애인의 전화번호를 말하면 된다. 로봇은 즉시 멀리 떨어져 있는 애인의 포옹 로봇에 연결된다. 애인이 자신의 포옹 로봇을 안으면 태평양을 사이에 둔 포옹 전달이 이뤄진다. 한쪽에서 자신의 로봇을 껴안거나 등을 톡톡 두드리면, 로봇에 있는 센서가 그 느낌을 그대로 애인의 로봇에 전달한다. 따뜻한 체온의 느낌도 함께 전달한다. 물론 대화도 나눌 수 있다. 서로 껴안고 이야기를 나누는 것을 상상하면 비슷할 것이다.[32]

로봇 분야에서의 실용화 속도는 우리가 상상하는 것보다 빨라지고 있는 것 같습니다. 포옹이라는 단순 기능뿐만 아니라 말상대를 해주고, 길을 안내해주는 로봇이 나왔고, 인간 대신 성적 욕구를 해결해주는 로봇도 개발되었다고 합니다. 기계가 인간 대신 접촉 욕구를 채워주고 있는 현실이 참 비인간적이라는 생각이 듭니다.

멋진 삶을 돕는 그루밍 산업

'손이 아니라' 손의 세부를 만져주는 손길. 엷은 졸음이 몰려오며 어느 순간, '나는 케어 받고 싶다. 나는 관리 받는 삶이고 싶다. 누군가 나를 이렇게 영원히 보살펴 주었으면 좋겠다. 어린아이처럼-'하고 고해하고 싶어졌다.[33]

작가 김애란의 단편집 《비행운》의 〈큐티클〉 속 주인공은 삶의 질이 한 뼘 더 향상되길 바라며 네일 아트숍에서 손톱을 '관리' 받습니다. 큐티클cuticle이란 손톱 바로 밑에 있는 굳은살인 각피로 네일숍에서 손톱미용을 위한 손질의 대상이 되는 부분을 말합니다.

작가는 '케어 받고 싶고, 관리 받고 싶다'고 말합니다. 살아내기 힘든 일상 속에서 접촉을 통한 돌봄과 보살핌의 손길에서 위안을 받고 싶다는 뜻이겠지요. 그래서 요즘 우리 주변에는 손톱관리하는 네일숍에서부터 귀청소방까지 번성하고 있는 걸까요.

성과 관련된 음성적인 접촉산업을 제외하고 이처럼 접촉을 통한 서비스를 제공해주는 부문을 묶어서 말한다면, 동물의 털손질에서 유래한 '그루밍grooming 산업'이라고 할 수 있을 겁니다. 그루밍이란 몸치장·옷차림 또는 손질이라는 의미인데, '단정한 몸가짐'이라는 의미로 사용되기도 합니다.

여기에는 몸을 대상으로 기능 개선과 스트레스·피로감의 해소를 위해 비의료인들에 의해 행해지는 마사지 같은 바디 워크body work, 위로와 위안, 치유를 위한 건강산업, 멋내기와 몸을 가꾸기 위한 패션·뷰티, 유아들을 위한 육아용품, 몸이 불편한 분들과 노인들을 위한 보건의료산업 전반이 폭넓게 포함됩니다. 이렇게 '접촉' 개념으로 접근해본 산업의 규모는 엄청나지 않은가요.

요즘에는 남자들도 패션과 미용에 아낌없이 투자하고 있습니다. 그래서 그런 남자들을 일컫는 신조어인 '그루밍족'이란 말이 생겨났고, 남자들에게 피부미용 서비스를 제공하는 그루밍 숍도 늘고 있다는군요.

외로운 몸과 마음을 달래주는 접촉산업

현대인의 외로움을 달래주고 말동무를 해주는 반려동물 시장은 이미 산업화된 지 오래입니다. 최근엔 인간이 즐거움을 누리기 위한 대상을 뜻하는 애완동물이 아니라, 사람과 더불어 사는 대상이란 뜻으로 반려동물이라고 이름 붙이고 있습니다. 제가 사는 신도시의 한 대형 할인매장은 한 층의 절반을 동물병원과 함께 반려동물 매장으로 확장해놓고 반려동물 애호가들의 발길을 모으고 있더군요. 귀여운 강아지와 고양이들의 재롱을 보느라고 꼬마나 어른 모두 전시장 옆을 떠나지 못합니다.

저도 열다섯 살짜리 푸들과 삽살개 피가 섞인 털북숭이 잡종견 한 마리를 키우고 있는지라 당연히 그곳을 지날 때마다 눈이 갑니다. 외동인 아들의 외로움을 덜어주려고 샀지만 저와 더 많은 시간을 지내는 이 개 이름은 우리 아들이 못 이룰 것 같은 부모의 꿈을 담아 '판사'라고 지었습니다. 그 이름의 배경을 듣곤 다들 빵 터집니다. 웃긴다는 이야기지요.

주인이 들어오면 제일 먼저 달려들며 반겨주고, 가족 한 사람이라도 안 들어오면 올 때까지 문 앞을 지키고 있는 모습을 보면 어떨 때는 정말 사람보다 낫다는 생각이 들곤 합니다. 함께 산책 나가서는 대화를 나누기도 합니다. 못 알아듣는 말이라고 느껴질 때는 고개를 갸우뚱합니다. 이 녀석이 제가 마누라를 어루만져주고 있을 때면 발 옆에 몸을 부비며 드러눕습니다. 자기도 만져달라는 거지요. 그런 귀요미 짓을 체험하면서 온 가족이 웃고 있으니, 반려동물이 스트레스를 해소하는 데 도움이 된다는 것은 굳이 연구결과를 보지 않더라도 분명히 맞는 말입니다.

동물을 매개로 한 심리치료도 효과가 입증되고 있습니다. 미국의 소아정신과 의사인 레빈슨[B. Levinson]은 자기 진료실에서 진료를 기다리던 아동들이 자기 애견과 놀면서 아무런 치료를 받지 않고도 치료가 되어 있는 것을 발견하고 동물매개치료를 연구하기 시작했다고 합니다. 살아있고 감정이 있고 따뜻한 체온이 있는 동물과의 상호작용은 신체적, 정신적, 사회적, 심리적 어려움을 겪는 사람들에게 부족한 기능을 향상시켜주고 치료에 도움을 줍니다.[34]

그뿐만 아니라 어르신들의 인지능력을 향상시켜 치매예방에 효과적이고 다른 사람들과의 사회적 접촉을 증가시켜준다고 보고되었습니다. 애완동물을 쓰다듬고 있을 때는 혈압과 스트레스가 낮아지고 뇌에서 기분을 좋게 만들어주는 화학물질이 나온다고 하는군요. 혼자 사는 여성에게는 안전을 지켜주는 보안관 역할도 해줄 수 있겠지요.

이밖에도 포근하게 안기는 듯한 느낌과 안락함을 선사하는 침대와 침구류, 친절하게 여기저기 주물러주는 안마의자, 마사지용품, 부드러운 접촉감을 느끼게 해주는 기능성 의류와 생활용품시장은 계속 확대되고 있습니다. 이처럼 나와 우리 주변을 돌아보면 우리 인간은, 인간의 내면에 간직되어 있는 본능으로서의 '접촉욕구'로부터 완전히 자유로울 수 없으며, 접촉은 우리 삶에 있어서 필수요건임이 틀림없는 것 같습니다. 그것이 '접촉'이 우리 사회의 새로운 키워드가 되고 있는 이유를 분명히 설명해준다고 생각합니다.

그리움 아는 이, 내 괴로움 알아
●

차이코프스키의 가곡〈그리움을 아는 이만이 None but the lonely hearts〉노랫말이 애절하게 들리는 듯합니다. 이런 현상은 '접촉 부재' 또는 '접촉 결핍'을 채우고자 하는 현대인들의 갈망과 그를 채우고 싶어 하는 간절한 노력이라고 보이니 애처롭다는 생각마저 듭니다.

이처럼 접촉을 그리워하는 사람들. 이는 현대인을 규정짓는 한 마디 말이기도 합니다. 결코 극적인 한 단면이 아닌, 이제 우리 주변에서 일반화된 현실입니다.

접촉은 고립된 채 홀로 살아갈 수 없는 사회적 인간에게 생존을 위한 필수요소입니다. '접촉 결핍'으로부터 벗어나고자 하는 인간의 노력은 그래서 타고난 본능이며, 위급한 상황에서 자신을 보호하고 유지하며 치유하고자 기능하는 자기조정장치이기도 합니다.

자신의 상실과 애도체험을 바탕으로 쓴 애도심리 에세이《좋은 이별》을 낸 김형경은 "표현할 언어가 있어도 상실에 따른 감정을 표현할 만큼 안정하다고 믿지 못하는 이들도 상실의 고통을 몸의 증상으로 체험한다"고 말하고 있습니다. 작가는 이런 이들을 위한 애도의 방법으로 신체적인 접촉을 권유하고 안내합니다.

> "고통을 견디려면 하루 세 번 포옹하고, 아픔을 치유하려면 하루 다섯 번, 마음이 성숙해지려면 하루 여덟 번 포옹하라."는 말이 있다. 사람과 손을 잡거나 안아주면서 신체적 접촉의 치유 효과를 느껴본다.[35]

누군가 내 몸을 어루만져주었으면 하는 바람은 우리의 몸만이 아니라 마음도 어루만져주기를 바라고 있음을 뜻합니다. 몸은 통증이라는 은유로 그 뒤에 가려져 있는 정서적 상처를 이야기합니다. 마음의 괴로움은 우리 몸에 뚜렷하게 흔적을 남긴다는 것을 기억하세요.

몸의 아픔과 불편함을 어루만져주는 접촉의 손길은 마음 깊은 곳에 아물지 않은 채 성나 있는 상처를 다독여 아물게 해줍니다. 내면으로부터 간절한 요구와 필요가 가슴까지 차올라와 있는 때, 즉 적당한 때에 줄 수 있는 적절한 접촉 기회의 제공은 건강한 인간을 위한 가장 적절한 치유법이 될 수 있습니다.

접촉에는 차이가 있다

대인 거리

개인이 안전함과 편안함을 느끼는 개인공간 둘레를 직선 거리로 나타내는 대인 거리는 성장하면서 늘어나게 됩니다. 생애 초기 몇 년 동안은 엄마 품에 안기거나 돌봐주는 사람과의 아주 가까운 거리에 익숙해 있습니다. 그러나 점차 자라나면서 가족, 이웃, 친구들과의 상호작용을 통하여 접촉을 위한 적합한 거리를 조정하면서 찾게 됩니다. 그러한 대인 거리는 성별, 문화, 상황, 태도와 감정에 따라 차이가 있습니다.

성별에 따른 차이

일반적으로 여성이 남성보다도 상대방의 성별을 구분하지 않더라도 대인 간의 거리를 가까이 합니다. 여성과 여성은 서로 가까이 상호 작용하고, 남성과 남성은 먼 거리에서 상호 작용하며, 남녀 혼합은 중간 거리를 유지합니다.

성의 차이가 선호하는 거리에 영향을 미치는 요소 중 하나는 어린 시절 놀이 경험입니다. 여자아이들은 인형이나 소꿉놀이 장난감을 가지고 집 안에서 놀고, 남자아이들은 여자아이들보다 집 밖에서 더 많은 시간을 보내고 더 많은 곳을 드나들며 여자아이들보다 1.5배 더 많은 공간을 유지한다고 합니다.

여성은 전통적으로 관계지향적이고 친사회적 역할을 하며, 따라서 이들의 사회 행위도 그러한 경향을 반영한다고 볼 수 있습니다.

문화권의 차이

문화권마다 사람들의 욕구와 규범이 다른 만큼 사람들의 상호 작용에 적합한 거리도 다양해집니다. 신체접촉과 관련하여 인류학자들은 문화권을 두개의 축인 접촉선호 문화와 접촉기피 문화로 구분하고 있습니다. 접촉선호 문화권 사람들의 특징은 상호행위시 서로를 자주 응시하고 상대와 가까운 거리에서 대화를 나누며 자주 접촉을 합니다. 접촉선호 문화권에 속하는 나라는 아랍, 라틴아메리카, 그리스, 터키와 같은 남유럽, 지중해 연안국가와 몇몇 아프리카의 국가입니다.

접촉기피 문화의 특징은 피부접촉을 거의 하지 않으며 대화를 할 때 일정한 거리를 유지하려는 경향이 있습니다. 따라서 본의 아니게 남의 신체를 건드리거나 부딪쳤을 때는 '미안하다'는 말과 함께 용서를 구합니다. 그리고 신체접촉이 우려되는 혼잡하거나 비좁은 장소를 지나칠 때도 '실례합니다'라는 말을 하면서 지나갑니다. 이처럼 접촉기피 문화권 사람들은 타인과의 신체접촉에 아주 민감한데 이것은 적당한 거리를 유지해야 하는 사회적 규범이 있기 때문입니다. 이런 접촉기피 문화권에 속하는 나라는 독일, 영국 그리고 인도, 파키스탄과 같은 아시아 국가들입니다.

상황의 차이

우리가 신체접촉을 할 때의 분위기나 상황에 따라 동일한 신체접촉 형태라 할지라도 의미가 달라집니다. 서로 안는 포옹행위는 일반적으로 친밀한 사이에 허용되는 신체접촉입니다. 하지만 2002년 월드컵 때 응원하는 시민들이 거리에서 환호를 올리며 서로 모르는 옆 사람들과도 힘껏 포옹한 것은 예외적인 경우였습니다. '감격'이나 '기쁨'의 순간을 함께 나누고자 하는 의외의 상황이 이런 신체접촉을 허용하곤 합니다.

이처럼 사람들은 상호작용이 이루어지는 상황에 따라 상대방과 마주하는 거리를 달리합니다. 사람들이 많이 모인 집회 장소에서 사람들 사이의 거리는 가정에서 저녁식사를 마친 다음 거실에서 편히 쉴 때의 가족 간의 거리와 많은 차이가 있습니다. 조명의 밝기, 온도, 소리 및 여유 공간 등의 실내환경도 상호 작용하는 거리에 영향을 미치는 요인들입니다.

태도와 감정의 차이

의사소통의 장면에서 상대방의 태도에 따른 감정이 대인 거리에 영향을 미칩니다. 친절한 사람에게는 호감이 생기고 그에게는 가까이 하고 싶은 마음이 들지만, 불친절한 사람에게는 비호감과 불쾌감이 생겨 멀리하고 싶은 마음이 듭니다. 그리고 친밀감을 못 느끼는 '친하지 않다고' 생각하는 사람들은 만날 때 은근히 거리를 두게 마련입니다.

우리나라의 접촉문화

우리나라는 유교적인 전통에 따라 '남녀칠세부동석'이라고 일찍부터 일상생활에서의 접촉을 멀리해온 접촉기피 문화권에 속합니다. 부부의 연을 맺게 되는 결혼과정에서도 신랑신부가 첫날밤이 되어서야 서로 얼굴을 보았다는 것이 아직 1백 년이 되기 전 우리나라의 실정이었습니다. 임금님의 병이 아무리 위중하더라도 의원은 손목을 잡고 진맥을 할 수 없어서 실을 잡고 했다고 하니 어느 정도였는지 알 만하지요.

그럼에도 퇴폐적인 유흥 접객업소는 아직도 음성적이지만 번성하고 있고, 대중교통 안에는 쩍벌남들이 줄지 않고, 신문을 펼쳐보느라 옆자리 승객에게 불편을 주는 이들이 넘쳐납니다. 그리고 길이나 통로에서도 몸을 함부로 부딪치거나 건드리고도 아랑곳하지 않고 제 갈 길을 갑니다. 타인을 배려하지 않는 이기적인 무례함입니다.

이런 태도는 한국인의 공간개념이나 가옥구조, 그리고 찌개나 국물을 함께 나눠먹는 우리 음식문화와 같은 맥락에서 이해되어야 한다고 말합니다. 좁은 공간에서 공과 사의 구분 없이 함께 공유하고 비벼대면서 살아온 일상적인 생활습관에서 비롯된 행동이라고 굳이 해석하는 사람도 있지만, 이제는 분명 바뀌어야 할 접촉문화입니다.

우리나라 사람들은 의사소통을 위해, 자신의 생각과 감정을 전하기 위해 어떤 신체 부위에 접촉하고 있을까요? 1991년에 발표되어 다소 오래된 자료이긴 하지만 광고에 나타난 접촉을 분석한 경북대 백선기 교수의 논문[36]은 우리나라의 전통적인 접촉 문화를 부분적으로 이해하기에 도움이 됩니다.

남성은 여성을 접촉할 경우 보다 더 적극적으로 자신의 감정을 표출하는 데 비해, 여성은 접촉의 부위는 다양하나 다소 소극적으로 자신의 감정을 표출하는 것으로 보인다. 연장자와 연소자 사이에는 같은 동성간의 접촉이 이성간의 접촉보다 빈번하게 일어나고 있으며, 그 접촉의 부위는 아주 어린 경우의 '몸 전체'를 제외하고는 '얼굴' 및 '등' 뿐이다. 즉 같은 가족관계나 연인관계가 아닌 경우에는 연장자는 연소자의 제한된 신체부위만을 접촉함으로써 자신의 감정을 전하고 있다. 요컨대, 우리 사회에서 접촉이 일어나는 경우 그 신체부위는 극히 제한이 되어 있음을 알 수 있다. 특히, 동년배 사이의 이성간의 접촉에 있어서도 미국이나 서구에서의 접촉경향에 비해 그 부위는 아직도 제한을 받고 있으며, '엉덩이'나 '은밀한 부위'에 대한 접촉은 전혀 나타나지 않고 있다. 이는 우리의 '접촉문화'가 아직은 서구의 '접촉문화'와는 다소 거리가 있음을 의미한다.

이 논문이 나온 뒤 십수년이 지난 지금 우리나라 환경은 너무나 많이 달라졌지요? 그사이 우리나라의 접촉문화에 대한 주목할 만한 연구가 모자관계와 육아, 간호 부문을 제외하곤 이루어져 있지 않고 있으니 얼마나 소홀히 다루어지고 있는지 알 수 있습니다.

그동안 정말 많이 바뀌었습니다. 서로 만나 인사를 하더라도 고개를 숙이거나, 신분과 연령에 따라 상대에게 엎드려 절을 하던 나라에서 악수는 일상에서 빈번하게 이루어지는 인사행위가 되었습니다. 아직도 엎드려 절을 하거나 두 손을 합장하며 고개를 숙이는 전통적인 인사법의 방식을 잇고 있는 곳은 불교 사찰 같은 곳입니다. 가정에서는 설날과 같은 명절 때, 그리고 오랜만에 뵈는 집안 어른께 '절을 올린다'고 하며 인사를 합니다. 절을 받은 어른은 덕담을 해주거나 용돈을 주기도 하고, 머리를 쓰다듬거나 등을 토닥거리며 격려해주기도 합니다. 그리고 결혼식을 마치고 신부가 시댁식구들에게 인사를 하는 폐백의 자리에서도 절을 합니다. 이처럼 우리 가정과 사회에서도 접촉을 하지 않는 전통적인 인사법은 이제 '의식'이 되었습니다.

서로 끌어안는 포옹도 낯설지가 않습니다. 심지어 예전에는 상상도 못했던 일들, 거리에서 지하철 안에서 타인의 시선을 두려워하지 않고 키스하는 젊은 연인들을 보는 일이 흔해졌으니까요. 젊은이들이 즐겨 듣는 대중가요 가사에도 남자친구가 생기면 제일 먼저 해보고 싶은 게 길에서 키스해보기라는 내용이 있는 걸 보면 여자들의 감정 표출도 많이 적극적으로 바뀌지 않았나요? 접촉에 대한 개인과 사회적인 요구가 많아졌다는 것이 요즘 우리가 눈여겨봐야 할 현상입니다.

모리스는, 가까운 친밀관계가 되었을 때 조용히 함께 앉아 거의 시선을 마주치지 않으면서 각자 자기 일을 한다고 합니다. 오래된 연인이나 부부는 다른 사람들의 눈에 띌 정도로 그런 야단스런 사랑 표현을 안 해도 마음속으로 서로 믿음을 가진다는 것입니다. 따라서 굳이 사람들이 많이 있는 장소에서 대담하게 사랑을 나누고 확인하는 특별한 행위를 할 필요가 없다는 것이지요.

그런 점에서 본다면 사람들 앞에서 그렇게 진한 키스를 나누는 두 사람은 아직 썩 가까운 사이라고는 할 수 없지 않을까요. 아무리 진한 키스를 하면서 자기들의 뜨거운 사랑을 과시한다 해도 이렇게 보이는 군요. '우리는 사귄 지 얼마 안 되었어요. 이제 막 가까워지려 해요. 우리가 사랑을 하는 것이 맞는지 확인해보려고 해요.'

우리나라는 지금, 순기능과 역기능을 분별할 겨를도 없이 다른 나라의 접촉문화를 받아들이고 있습니다. 지난 세월 동안 규제하고 억압하면서 체험해보지 못했던 접촉문화를 말입니다. 해방 이후 서양문화의 빗장이 열리면서 해일처럼 밀려들어와 어중간하게 퓨전^{fusion}이 되어버린 이러한 문화 '혼잡' 속에서 접촉의 정체성을 다시 살펴보아야 할 때입니다. 하루가 다르게 바뀌어가면서 문화적인 변혁이 일어나고 있는 우리나라의 접촉문화, 폭넓게 연구해서 다시 쓰여야 합니다.

접촉으로 '바뀐다'

마음을 움직이게 하는 접촉

제가 사는 동네에 인구가 늘었는지 요즘 들어 대형 마트가 두 곳이 새로 생겨 모두 네 곳이 되었습니다. 오고가는 길목에 자리 잡고 있는 지라 한 차례 두루 순례를 한 다음, 저는 한 곳을 다니기로 마음먹었습니다. 그 마트에서 경험한 작은 체험이지만 특별하다고 느낀 한 계산원의 서비스 때문입니다.

여느 마트처럼 물건을 카트에 담은 고객들이 계산을 하려고 줄을 지었고 이윽고 제 차례가 되었습니다. 계산대에서 현금을 내밀자 계산원인 인상 좋은 아주머니가 '감사합니다' 하고 꾸벅 고개를 숙여 인사를 하면서 잔돈을 내밀었습니다. 그런데 다른 마트의 계산원과는 다른 점이 느껴졌습니다. 잔돈을 받으려고 내미는 저의 손을 아래로 받치고 돈을 손바닥 위에 올려주더군요. 그 계산원과의 짧은 접촉 체험은 그날 고객이었던 내가 아주 귀한 손님 대접을 받는 기분이 되게 했습니다. 한 계산원의 고객을 배려하는 마음이 담긴 접촉으로 저는 그 마트

단골 손님이 되었습니다.

　이처럼 몸에 손이 닿게 신체적인 접촉을 하는 것은 심리적인 변화를 이끌어주는 효과가 있다는 연구결과가 있습니다. 낯선 사람을 소개한 다음 그 인물의 인상을 묻는 심리학 연구에서, 말을 하지 않고 얼굴만 쳐다본 상대에게는 '건방지다, 차갑다'는 등의 마이너스 평가가 주어집니다. 반면, 악수는 했지만 말은 하지 않은 상대에게는 '신뢰할 수 있다, 어른답다, 따뜻하다'는 등의 호의적인 평가가 내려졌습니다. 이것은 신체적인 접촉이 그렇지 않은 경우보다 인간적인 친밀감을 더 많이 느끼게 해줄 수 있으며, 감정은 말보다는 몸으로 더 잘 전달될 수 있다는 것을 보여줍니다. 그래서 신체접촉은 비록 낯선 사람이더라도 좀 더 가깝게 느끼도록 인지적인 친밀감 형성에 영향을 미칩니다. 이러한 접촉의 힘은 매우 강력해서 아주 짧은 접촉만으로도 인간적인 유대감이 생기게 됩니다. 기분이 좋아질 뿐만 아니라 상대방을 더 친절하고 따뜻한 사람으로, 더욱이 그를 둘러싼 환경마저도 더 우호적으로 느끼게 합니다.

　그러한 접촉효과는 상업적인 구매 행동뿐만 아니라 일방적으로 메시지와 서비스가 전달된다는 불만이 많이 발생하는 교육과 의료 현장에서도 나타난다는 점에 주목해야 합니다. 따뜻한 말 한마디, 칭찬의 말 한마디가 변화를 이끌어주는 데에 분명히 긍정적인 영향력이 있습니다. 이와 함께 비언어적인 의사소통 방식인 따뜻한 접촉으로 마음을 전달받는다고 생각해보세요. 사람에 따라, 그리고 상황에 따라 차이가 있을 수 있겠지만 사람의 마음을 안정시키고, 불안한 마음을 덜어주거나, 함께 참여하는 일체감을 불러일으켜줄 수 있습니다.

접촉으로 가능한 생활 속 변화

주머니를 더 열게 한다

대인관계가 이루어지는 장 중에서, 자연스럽게 접촉이 이루어질 수 있는 곳은 시장과 상점입니다. 연구결과를 먼저 언급하자면 분명한 사실은 '신체 접촉은 구매행동을 촉진하게 한다'는 것입니다.

미국의 사회심리학자 스미스^{Smith} 등이 한 실험을 보면, 슈퍼마켓에서 점원이 신체접촉을 하면서 피자 시식을 하게 한 고객은 80퍼센트가 시식에 참여했고, 접촉이 없었던 고객은 50퍼센트만 시식에 참여했습니다. 접촉 고객은 피자코너에서 비접촉 고객보다 두 배나 더 많이 피자를 샀습니다.

이 글의 앞부분에 언급한 저의 체험 사례처럼 종업원의 자연스러운 신체 접촉은 고객이 매장에 머무르는 시간과 구매력을 증가시키고 고객이 쇼핑 경험을 더 좋게 평가하게 한다는 것이 연구결과로 증명된 것이지요.

종업원과 고객의 가벼운 신체 접촉이 고객들의 팁 액수에 영향을 미치고 젊은 손님들일 경우에 팁 액수가 더 증가했다는 연구결과도 많이 인용되고 있습니다. 판매의 장에서 고객과의 접촉은 마케팅의 측면에서 응용할 점이 분명히 있습니다.

더 많이 먹고 마시게 한다

종업원이 의도적으로 손등이나 손목을 가볍게 만져주는 신체 접촉이 있었던 고객은 그렇지 않은 고객보다 술을 더 많이 마신다고 합니다. 당사자인 고객의 술 소비량뿐만 아니라 신체접촉이 없었던 부차적인 대상, 즉 동반자의 술 소비량 역시 증가했다니 음식업 경영주는 눈이 번쩍 뜨일 것 같군요. 하지만 조심하세요. 우리나라 술손님 잘못 건드렸다가는 오히려 낭패 봅니다.

차라리 고객에게 '당신은 특별한 손님'이라는, 대접받는 기분이 들게 해보세요.

"이건 오늘의 베스트 드레서인 손님께 드리는 특별 서비스 안주입니다."

덤 좋아하는 우리나라 술 고객에겐 이런 접근이 대단히 효과적일 수 있는 간접적인 접촉입니다. 고객의 생일이나 특별한 날에 대한 축하 이벤트를 해주고, 고객의 취향에 맞는 메뉴나 음식성향을 기억해서 다음 방문에 요청이 없어도 반영해주는 서비스는 고객 개인에게 초점을 맞추어주는 특별한 접촉감을 느끼게 해줍니다.

수업에 더 적극적으로 참여하게 한다

교수로부터 수업중에 어깨에 손을 대며 잘한다고 격려를 받은 학생이 수업에 적극적으로 참여했고 남녀 차이는 나타나지 않았답니다. 옛날 제가 중고등학교 다닐 때 이런 분들이 교사로 계셨지요. 교실에서 선생님이 제게 이런 접촉을 해주셨다면 아마도 특별한 관심을 받고 있구나 생각했을 겁니다.

하지만 이 연구자료를 근거로 교실 안에서 학생들에게 실천해봐야겠다고 생각하시는 교사나 교수가 계시다면 한 번 더 심사숙고의 시간을 가져보세요. 이성의 학생들을 대상으로 하고 있을 때는 더더욱 말리고 싶습니다. 요즘 학교 내 접촉, 얼마나 민감한지 아시지요?

미국의 국가교육위원회는 교사들에게 "가르치되 접촉하지 말라

Teach but don't touch "고 권고한다고 하는군요. 이 손을 대지 않는hands off 정책이 생겨도, 아동 성폭력과 신체적인 폭행 사례는 줄지 않고 증가하고 있는데도 말입니다. 그런 미국에서도 지금, 건강한 의미에서의 접촉이 교육장면에서 우리 아이들에게 본질적으로 위험요소는 아니며, 접촉에 성장과 발달을 위한 매우 큰 잠재력이 있다는 주장이 나오고 있습니다.

아무튼 논란이 뜨겁게 달아오르고 있는 교육 장면이니만큼 개별적인 신체 접촉보다는 주의를 집중시킬 수 있는 집단적이거나 간접적인 접촉의 다른 방식들을 연구해보아야 합니다. 예를 들면, 나른한 오후 수업이나 강의시간에 학생 모두에게 자기 옆자리에 앉은 사람들과 인사를 나누고 옆으로 돌아앉아 서로 어깨를 주물러주게 시킨다든지 말입니다. 물론 동성들끼리.

환자의 불안을 줄이고, 덜 고통스럽게 한다

요즘 병원에 가서 수술을 하기 전에는 설명을 해주고 동의를 받는 절차를 꼭 거칩니다. 이에 대한 설명은 보통 전공의들이 와서 하더군요. 병원에선 수술뿐만 아니라 병상생활과 치료과정에 대한 설명도 하지요. 이때는 간호사들이 합니다. 이런 설명을 듣는 동안 간호사가 손이나 팔을 잡으며 접촉체험을 하게 해준 환자는 접촉이 없었던 환자보다 정보를 더 잘 이해한다고 합니다. 그리고 불안 정도가 덜하고, 혈압도 더 낮았으며, 받아야 할 수술에 대해서 덜 고통스러워했다는 연구결과가 있습니다.

병원의 의료장면에서 절대 약자처럼 위축되고, 앞으로 어떻게 될까 두려워하며 불안해 할 수밖에 없는 환자와 보호자에게 정말 꼭 필요한 접촉입니다. 특히 임종을 앞둔 환자들을 대하는 호스피스 병동에서는 아무리 강조해도 지나치지 않는 것이 바로 이러한 따뜻한 신체접촉을 통한 보살핌입니다.

화해하고 사랑하게 한다

다투는 일이 종종 있습니다. 아무리 가까운 관계일지라도 회피하고 도망가는 것보다는 그래도 서로 마주보고 소통하고자 하는 기본적인 의도는 있어서 긍정적인 측면도 있다고 봅니다. 서로 상대방의 존재를 다시 생각해보고 자신을 돌아볼 수 있는 기회로 삼으면서 느슨해졌던 관계에 살짝 긴장을 가져오기도 하는 것이 '다툼'입니다. 지금 말하고자 하는 것은 그런 작은 충돌, '다툼'입니다. 전쟁이나 폭력적인 싸움의 해법은 다른 접근입니다.

다툼 뒤에 두 사람의 관계는 서먹서먹해지고, 두 사람 사이에는 찬바람이 부는 답답한 냉전의 시간이 흐릅니다. 이런 불편한 관계로부터 벗어나 다시 건강한 관계로 바뀌기를 진정으로 바라며 화해의 손길을 내밀고 싶어도 왠지 쑥스럽고 기 싸움에서 지는 것은 아닐까 궁리하다가 적절한 화해의 기회를 놓치고 마는 경우가 많습니다. 큰 싸움은 작은 다툼으로부터 비롯됩니다. 작은 다툼을 잘 봉합하고 치유하면 더욱 단단한 관계의 바탕을 만들어주지만 오래된 큰 싸움은 두 사람 사이의 간격을 점점 더 벌어지게 만들어서 결국 갈라지게 만드는 경우가 많습니다. 그로 인한 여러 가지 어려움을 감당할 자신이 없다면 먼저 화해의 손길을 내미는 사람이 이기는 것입니다.

화해를 위한 첫 걸음은, 말로 시작해서 이성적인 논리와 판단으로 반응하는 좌뇌를 자극하는 것보다 말없이 상대의 몸을 부드럽게 만져주는 것이 효과적입니다. 왈칵 끌어안거나 부드럽지 않은 거친 손길은 아직 화해의 손길을 받아들일 준비가 안 되어 있는 상대의 저항을 불러일으킬 수 있습니다. 아내가 설거지를 할 때, 남편이 출근준비를 하며 옷을 입을 때 살며시 뒤에서 다가가 부드럽게 끌어안아주는 '백 허그 back hug'를 해보세요. 아니면 속상해 하는 그이 옆에 다가가 어깨를 슬그머니 주물러준다거나 발이나 손을 만져주세요. 그런 다음 그이의 눈을 바라보고 짧게 화해의 메시지를 전하세요. 사랑을 고백하려고 할 때도 적절한 방법입니다.

또 다른 방법은, 어떠한 접촉행위에 익숙해지도록 '길들이는' 방법입니다. 어떤 아내는 결혼 이후 아침마다 샤워하고 나온 남편의 젖은 머리를 드라이어로 말려주고 빗질해주었답니다. 날마다 이처럼 친밀한 접촉 행위를 하는 부부라면 다툴 일도 거의 없겠지만, 혹시라도 다

툰 다음 날 아침이면 습관적으로 젖은 머리를 말려주는 아내를 위해 '난 충성을 다해 이 여자를 사랑할 거야'라는 사랑의 서약을 다시 하지 않을까요.

그 또는 그녀가 늘 해주던 몸짓, 신체적인 접촉을 통한 반복적인 사랑나눔 행위에 '인이 박이면', 그것은 늘 화해를 위한 소통 창구 역할을 해줄 겁니다. 세상에서 하나밖에 없는.

요즘 살아가기에 아무리 팍팍하다 하더라도, 삶을 매끈하고 윤기나게 해주는 무엇을 멀리서 찾을 필요가 있을까요? 삶 속에서 상처받고 절망하는 사람은 삶 속에서 치유하고 희망을 찾아야 합니다. 지금 바로 내 곁에 있는 사람과 정말 바보 같은, 서로를 위해 모든 것을 허용하는 맹목적인 사랑을 온몸과 마음으로 체감하는, 접촉의 소통이 필요한 때입니다.

아하! ●●●● 접촉 6

다시 찾게 만드는, 접촉의 기술

서구인들을 대상으로 한, 접촉 관련 마케팅 연구결과를 우리나라 장면에서 적용하기에는 적합하지 않은 것도 많다. 접촉에 대해서 쉽게 허용되지 않는 우리나라에선 이런 접촉 마케팅의 시도가 필요할 듯싶다.

1. 신체의 연장물도 고객처럼 대하라
사람들은 자기와 관련된 모든 것을 자기 신체의 연장물이라고 생각한다. 이를테면 손을 잡고 동반해서 가는 자녀에서부터 승용차, 그 승용차의 열쇠, 옷이나 구매한 물품, 애완동물까지. 그러한 신체의 연장물도 마치 고객의 몸인 양 귀하게 다루어주는 행위는 고객으로부터 높이 평가될 수 있는, 고객감동으로 이어지는 훌륭한 간접 접촉행위이다.

2. 허용되는 부위를 짧게 접촉하라
몸이 불편한 노약자를 대상으로 움직임을 거들어주는 돌봄과 안전한 안내를 위한 신체적인 접촉은 잘되고 있는 부분. 하지만 이런 때에도 손을 대는 부위는 손등, 손목이나 팔꿈치 부위를 가볍고 짧게 접촉하고 물러나는 것이 바람직하다. 손바닥이나 팔뚝 안쪽은 접촉에 민감해서 지나치게 사적인 자극으로 받아들여질 수 있으므로 주의해야 할 접촉 부위이다.

3. 배려하는 마음을 담아라
우리나라에서 서비스가 눈에 띄게 좋아진 곳들이 신체 접촉이 공식적으로 허용된 이미용실, 뷰티숍, 병의원 등이다. 이런 곳에서는 특히 내미는 손길 한 번, 건네는 말 한 마디에도 상대를 충분히 배려하는 마음을 담아야 한다. 고객이나 환자의 좋고 싫음을 묻지도 않고 하는 일방적인 서비스 행위는 불쾌감을 느끼게 한다.

신체 접촉은

연민과 사랑, 감사를 전하는

일차적인 언어이며,

이 세 가지 감정이야말로

신뢰와 협동의 한가운데 자리 잡고 있다.

● 미국 심리학자 대커 캘트너,《선의 탄생 Born to be Good》중에서

돌봄을 위한 접촉

치유와 성장을 위하여

접촉이 만든 매듭,
접촉으로 풀다

잘못된 접촉

자신의 의지와는 아무런 관련 없었던 단 한 차례의 '잘못된 접촉'으로 마음의 매듭이 단단히 맺혀 풀지 못하던, 스물세 살 남자 대학생이 찾아왔습니다.

작은 체격에 윗몸이 발달한 그이는 첫 상담을 하는 동안 줄곧 굳어 있는 무표정의 얼굴로 불안한 듯 눈을 치켜들었고, 한 곳을 가만히 바라보지 못했습니다. 어깨 근육을 계속 실룩거리며 움직이고 있었습니다. 그는 고등학교 때 길을 가다가 느닷없이 낯선 사람들에게 집단폭행을 당했다고 담담하게 말합니다. 이른바 '묻지마 폭행'의 피해자가 되었던 거지요.

그는 도대체 영문도 모르고 당해야 했던 그 사건의 부당성에 대한 억울함과 분노, 그리고 피해의식을 보상받기 위한 복수심 때문에 오랜 시간 동안 정상적인 생활을 할 수 없었습니다. 처음엔 그런 충격적

인 사실을 자신의 현실로 받아들일 수 없었지요. 그래서 무력감 때문에 한동안은 하루의 대부분, 무려 20시간을 잠만 잤다는군요. 그리고 잠자는 동안 꿈속에서도 그랬고 깨어있는 동안에도 누군가가 자신을 또 폭행하려 할지도 모른다는 강박적인 생각에, 대상이 분명치 않은 무의식 속의 가해자와 끊임없이 가상의 전쟁을 벌이느라 온몸 근육들이 쉴 틈 없이 꿈틀거리며 움직였습니다.

눈을 뜨고 길을 가면서도 가해자를 찾아 복수하겠다는 마음으로 칼을 품고, 분노의 눈길로 사람들을 훑어보고 다녔습니다. 잠시도 분노의 감정을 몸과 마음에서 내려놓을 수 없었던 그는 늘 만성적인 피로감을 느꼈고 대인관계에서의 어려움이 사회생활에 큰 장애를 가져왔습니다. 다니던 고등학교도 중퇴하고 집을 떠나기 위해 검정고시로 서울에 있는 대학에는 들어갔지만 도저히 사람들과 어울릴 수 없었습니다. 정신과에 다니면서 오랫동안 약물치료를 했지만 아무런 변화가 없었다고 하더군요.

그런 그에게 지금-여기라는 시공간의 마당에서 가장 먼저 필요한 것은 '안전함'과 '돌봄'이었습니다. 두렵거나 혹은 복수하고픈 대상으로부터 떨어져서 충분히 보호받고 돌봄을 받는 '안전기지'에 있음을 온 몸과 마음으로 느끼게 해주는 것이었습니다. 어린 시절 어떤 고통스러운 일을 체험하고 돌아와도 토닥여주는 어머니의 품에 안겨 한참 울 수 있었던 것처럼. 신체작업으로 몸과 마음을 이완시켜 안도감과 편안함을 느끼게 했습니다.

그런 다음 마음속에서 떠오르는 생각과 느낌을 말로 표현하도록 했습니다. 억울함과 분노와 원한의 감정이 피처럼 섬뜩하게 묻어나와, 마치 시퍼렇게 날 선 칼날처럼 날카롭게 느껴지는 언어들이었습니다. 아무도 그때 그 자리에서 자기를 지켜주지 못했고, 부모님마저도 보듬고 돌보아주기는커녕 '사내 녀석이 그런 일로 약한 모습을 보이냐'고 나무라기만 했다고 합니다.

하고 싶었던 이야기가 많았는지 몇 차례의 만남으로 이야기는 길게 이어졌습니다. 다 들어주었습니다. 그 억울했던 자기 내면의 소리들을 온전하게 받아들여주었습니다. 판단과 비평과 비난이 없는 무조건적인 수용입니다. 말은 지금-여기에 머물면서 자기 내면을 들여다볼 수 있게 해줍니다.

누군가에게 털어놓기 어려웠을 그 이야기들을 듣고, 그에게 다가갔습니다. '견디기 힘들었을 텐데 정말 애 많이 쓰며 잘 견뎌왔다'고 등을 토닥여주고 안아주었습니다. 그때 그에겐 자신의 억울한 심정을 온전하게 받아주고 보듬어줄 '누군가'가 필요했던 겁니다.

"그날 이후, 제 가슴 한가운데에 늘 커다란 불덩어리가 활활 타고 있는 것 같았어요. 그런데 선생님의 손길이 와닿으면서 그 불이 어느 날 스르륵 꺼졌어요. 용서라는 것은 제가 그들에게 그대로 복수해주지 않는 한 있을 수 없다고 생각했는데 오늘은 '이제는, 용서한다'라는 말이 떠오르는데요."

용서라는 말을 꺼내면서 부정적인 정서의 악순환의 굴레로부터 벗어나기를 스스로 선택한 그이의 모습에서 진정성이 느껴졌습니다. 진정한 용서는 어디에 존재하는지 모르는 대상과 화해가 없이도 일어나며 무조건적입니다. 어느 누가 강요하지 않았음에도 말입니다. 안도의 한숨을 깊게 후욱 하고 내쉬는 그이의 얼굴은 정말 평화로웠습니다.

몇 차례의 치유작업을 거치면서 상처 받은 채 그때 그 아이로 내면에서 머물고 있던 그이가 훌쩍 성숙한 듯 편안해 보였습니다. 그는 자신의 지나온 삶과 참된 자신과 주변 사람들을 돌아보았습니다. 사고의 순간, 이미 잃어버렸고 자신 안에서 다시 되찾을 수 없다고만 생각하던 자기존중감과 삶에 대한 의욕을 갖게 되면서 여자 친구도 생겼습니다. 또한 공부를 계속하면서 현실로 다시 복귀할 수 있었습니다.

자신의 의지와는 달리, 또한 예측할 수 없었던 공격적이며 폭력적인 접촉이 한 사람에게 남겨준 굵은 매듭을 건강한 접촉 행위가 풀어주었던 사례라고 할 수 있습니다. 말과 약물로도 치유하기 어려웠던, 깊은 마음의 상처를 신체적인 접촉으로 다가가서 다독이며 위로와 위안으로 아물게 해주고 마음에 새 살이 돋아나게 한 것이겠지요.

마치 생명체와 같은 마음속 불덩어리

마음의 병이 되어버린 잘못된 접촉, 차라리 경험하지 않았으면 좋았을 텐데 하는 접촉의 체험들이 요즘 우리 일상에서 빈번하게 일어나고 있습니다. 이 내담자 사례와 같이 정신적 충격을 입은 사건으로부터 비롯된 장애를 '외상 후 스트레스 장애PTSD, Post traumatic stress disorder'라고 부릅니다. 이 내담자와 같이 폭행의 대상이 되었거나, 전쟁·자연재해·살인·화재·성폭행·교통사고 등과 같은 충격적인 사건 체험이 외상trauma이 되곤 합니다. 그 사건 이후 불안상태가 지속되어서 일상생활에서의 어려움을 겪게 되는 정신적 장애입니다.

이 내담자의 가슴에 맺혔던 '화' 덩어리의 정체는 억울하고 분한 생각과 감정을 담고 있는 '마음의 고통'입니다. 분노증후군이라고 말하는 마음의 화는 마음과 몸에 고통을 주고, 생각과 감정과 행동을 부정적인 방향으로 몰고 가서 점점 우리 자신을 파괴하게 할 뿐만 아니라 인간관계와 현실생활에 큰 장애를 가져옵니다. 화를 풀면 될 텐데 왜 그게 잘 안 되어서 '화병'이 되는 걸까요.《화가 풀리면 인생이 풀린다》라는 책을 낸 틱낫한 스님은 "화는 살아있는 생명체와도 같다"라고 말합니다. 그러니까 마음속의 불덩이를 어떻게 다루어야 할는지에 대한 답이 여기 있군요. 마치 살아있는 생명체와 같이!

마치 생명체와도 같은 화의 치유는 관계 속에서 이루어집니다. 나를 사랑한다 혹은 나를 이해하고 인정해 준다는 느낌이 들 때 치유가 일어나는데, 이는 매우 중요한 부분입니다. 사랑과 공감은 언어보다는 신체적인 표현과 접촉 등의 비언어적인 의사소통을 통해서 그 진정성이 감지됩니다. 사랑과 공감은 머리로 하는 논리적 이해가 아닌

가슴으로 하는 감성적 이해이며, 마음에서 마음으로 전달되는 느낌의 파동을 함께 공유함으로써 이루어지는 것입니다.

마음의 불덩이를 건강한 이별의식을 통해 잘 보내고, 부디 생각의 그물에 걸리지 않는 바람처럼 자유롭게 살 수 있게 되기를 진정으로 바랍니다. 그런 마음에서 이 장에서는 조금 더 깊이 있게 치유를 위한 접촉의 길라잡이가 되어볼까 합니다.

몸이 전하는 마음의 말, 귀 기울이다

몸은 마음을 담고 있는 그릇이며, 마음은 몸에 깃들어 있습니다. 그래서 몸은 한 사람이 살아온 삶을 반영합니다. 몸의 어느 부분에는 삶에서 맞닥뜨렸으나 극복할 수 없었던 미해결 과제들이 몸의 언어로 변환되어 쌓여있습니다. 그러한 몸의 부분은 취약한 곳이라고 불리게 됩니다. 삶에서 개인이 감당할 수 없는 스트레스를 반복적으로 경험할 때, 그 스트레스로 인한 심리적 고통은 취약한 몸의 부분을 중심으로 증상이 되어 나타납니다. 마음의 불편함이 몸을 통해 나타나는 이런 현상을 심리학에선 '신체화'라고 하지요.

그러한 미해결 과제, 근원적으로 불편한 마음을 알아차리기 위해 몸의 언어에 귀 기울여야 합니다. 우리는 흔히 타인과의 관계와 소통의 장에서 자기 마음의 문은 꼭 닫고 머리로 반응하며 서로 다른 신호로 메시지를 내보내는 사람들과 만나기도 합니다. 그러면 그 혼란스러운 메시지들 중에서 그 사람의 진심은 무엇이지 하고 고개를 갸우뚱하게 되지요. 그러한 복합적이어서 이해하기 어려운 신호들을 따라가보면,

문제를 일으키고 있는 그 사람의 핵심정서와 만나게 됩니다.

몸은 그것을 증상으로 이야기합니다. 길던 짧던 우리 모두 지나쳐 온 삶의 여정을 돌아보면, 여러 가지 사건들과 복잡한 인간관계 속에서 비롯된 크고 작은 마음의 상처들이 흔적으로 남아있게 마련입니다. 치유되어 아물지 못한 그런 상처들은 고스란히 우리의 무의식과 몸의 어느 부위에 깃들어 웅크리고 있습니다. 그 핵심정서는 명확하게 측정할 수 없는 불편함과 통증과 온갖 '부정적인 언어'들을 이용해 자신의 존재를 틈날 때마다 의식세계로 드러냅니다. 더 아플까봐 더 상처 받을까봐 더 버림받을까봐 두려워하며 경계하는 마음으로 자기를 방어하는 것이지요. 그것이 지금까지 그들을 살아남을 수 있게 해준 그들만의 생존방식입니다.

몸의 어느 부위에서 지속적으로 드러나는 통증, 자기 의도와는 달리 반복적으로 나타나는 습관적 행동, 몸이 자유롭게 기능하기 어려운 특정한 불편함은 그들의 몸이 전하는 마음의 언어입니다. 사랑받고 싶고, 소통하고 싶고, 살고 싶다는 이들의 메시지에 따뜻한 사랑의 손길로 접촉하면서 이해하고 공감하고 있다는 마음을 전합니다. 그런 공감의 손길과 사랑 나눔의 몸짓을 내담자들은 단박에 알아차리고 안전함을 느끼게 됩니다.

몸을 통해 마음에 다가가는 첫걸음은 그러한 접촉으로부터 내딛게 되는 것이지요. 사람은 안전함을 느끼는 대상에게는 자연스럽게 경계와 두려움의 긴장을 풀게 됩니다. 자신을 단단하게 감싼 긴장의 무장을 해제하고 느슨해진 몸과 마음의 상태가 되는 것이지요. 그때, 무의식에 자리 잡고 있으면서도 그 존재를 명확하게 드러내놓지 않고 응어리진 채로 꼭꼭 숨어있던 마음의 문제들은 슬그머니 의식의 문틈으로 모습을 살짝 드러냅니다. 그처럼 무의식의 문이 열리면서 마음의 그늘에 밝은 빛이 들어오게 되면, 깊은 마음속에 숨겨두었던 나만의 내밀한 문제들은 더 이상 내밀한 것이 아닌 게지요. '있는 그대로' 바라볼 수 있게 되는 겁니다. 자신이 바라보기 두려워 덮어두고 숨겨두었던 풀지 않은 정서와 마음의 상처들이 떠오른 것을 바라보며 '그것이 내 마음속에 있었네' 하고 스스로 명료하게 알아차립니다.

마침내 몸과 마음의 두터운 벽들은 무너지고, 마음의 문이 활짝 열리게 됩니다. 몸을 통해 닫힌 마음의 문을 여는 일은 몸이 전하는 마음의 언어를 잘 해독하여 서로 소통하게 해주는 통역가의 역할과도 같습니다. 이를 가능하게 하는 것은, 마치 어머니의 품처럼 무한한 사랑과 평화를 느끼게 해주는 접촉의 보살핌입니다.

맺힌 감정, 담아두지 말라

우리 인간은 관계를 맺으며 살아가고 있습니다. 하지만 그 관계 속에서 상처 받고, 그 관계가 병이 되기도 합니다. 인간에게 있어서 '정서情緒'란 그러한 관계 속에서 일어나는 온갖 감정·상념, 또는 그러한 감정을 불러일으키는 기분이나 분위기를 말합니다. 사람의 생각이나 행동은 자신의 뜻에 따라 진실과 달리 꾸며져서 변형될 수 있지만 정서는 그럴 수 없습니다. 그런 점에서 어떤 사람의 정서란, 그 개인이 체험하고 있는 지금-여기의 현실을 대변하고 있는 것입니다.

긍정적 정서, 예를 들면 기쁨, 즐거움, 아름다움과 감동을 느끼는 것 등은 개인의 성장과 현실 적응에 큰 도움이 됩니다. 하지만 부정적 영향을 미치는 특정한 정서, 예를 들어서 슬픔, 두려움, 분노 등을 풀지 않고 '마음속에 그대로 담아두는 것'은 몸과 마음의 건강에 나쁘다는 것은 이제 상식이 되었습니다. 그래서 종교적 차원에서, 그리고 명상과 같은 생활수련 장면에서 그 무거운 마음의 짐을 '내려놓으라', 꺼림칙한 그 마음을 '비우라' 또는 '지우라'고 합니다. 하지만 그게 어디 말처럼 단박에 되는 쉬운 일인가요. 그래서 삶의 일상에서 마주하는 많은 사람들이 마음에 맺힌 정서적 응어리를 그대로 가슴 또는 몸의 어딘가에 간직한 채로 지냅니다.

그러한 특정한 정서적 응어리는 우리 생활습관과 행동, 그리고 생각에 영향을 미칩니다. 모든 것의 상태를 균형에서 불균형으로, 조화에서 부조화로, 원활한 소통에서 불통으로 끊임없이 변화시켜버립니다. 부드럽고 연해서 어떠한 자극도 잘 수용하고 처리해내던 사람은 융통성 없이 견고한 몸과 마음을 가진 완고한 사람으로 변해버립니다. 자기가 좋아하는 것, 자기가 편한 것, 자기가 수용되는 쪽으로 기울어지고, 집착하고 탐닉하다가 중독되어버립니다. 그것으로 인해서 마침내 자신의 가장 취약한 곳으로부터 허물어지기 시작해서 도미노처럼 이어져 모든 것이 병적 상태가 되고 맙니다.

마음에 상처를 남긴 어떠한 정서적 사건이라도 내 삶에서 그것이 어떠한 의미를 갖는가를 이해하고 수용할 수 있다면 성장의 발판이 될 수 있습니다. 압력밥솥을 비유로 들어봅니다. 쌀은 압력밥솥에서 밥으로 꼴이 바뀌어 사람이 먹을 수 있는 양식이 됩니다. 쌀은 밥솥 속에서 뜨거운 열을 받으며 다 익어 뜸이 들 때에는 배출구로 열기가 빠져나가야 밥이 됩니다. 관계 속에서 맺힌 감정을 풀지 않고 마음에 담아둔 채 삶을 살아간다는 것은 증기배출구가 막힌 압력밥솥에 불을 계속 지피는 것과 같습니다.

의미있는 삶을 살기 위해선 관계에서 받은 상처를 관계 속에서 접촉하며 풀어야 합니다. 접촉을 통한 치유와 성장은, 내 몸과 마음속에서 탁하고 오염된 것을 비우며 맑고 에너지 충만한 것으로 바꾸어 채우는 작업입니다.

상처를 아물게 하는 연결

연결됨을 알아차림

사랑을 체험하지 못해 가슴이 텅 빈 것 같고 타인과의 관계가 어렵다는 한 놀이치료사는 신체심리치료 첫 시간을 마치고 이런 표현을 합니다. 그리고 그동안 너무 돌보아주지 못한 자신의 몸에 미안한 마음이 들었다며 한참 눈물을 흘렸습니다.

"내 몸이 나의 가족, 나와 가까이 지내는 사람들로 점점 확장되어가고 있는 느낌이었어요. 돌보지 않았던 신체가 말을 걸어오는 느낌이 있었지요. 구석구석, 내 몸의 모든 세포들이 살아있는 것처럼 느껴지며 고맙다고 외치는 거예요."

이 내담자의 말과 같이 돌봄의 손길을 체험하고 있는 동안 문득 나에 대한 새로운 알아차림이 생깁니다. 마음속의 마음, 나의 내면에선 이미 알고 있지만 생각해보지 않은 것과 접촉합니다.

'나는 누군가와 이 세상에 함께 존재하고 있구나.'

인간으로 태어난 '나'는 개체로서 개별적인 존재입니다. '나'는 삶 속에서 자기 밖에 존재하는 타인과 관계합니다. 또한 '나'의 환상과 기대, 그리고 기억 속에서 끊임없이 다른 인간으로 채워진 세계와 연결되며 살아갑니다. 따라서 인간은 다른 사람들과의 관계 속에서 존재합니다.

내 안에 존재하지만 분리된 몸과 마음이 하나의 나로, 같은 하늘 아래에서 제각각 따로 존재하던 너와 내가 '우리'라는 이름의 끈으로 서로 연결되어 있음을 알아차립니다. 그렇게 연결되어 있는 우리가 하나임을 깨닫게 되면 '나'는 거기에서 큰 위안과 힘을 얻습니다. 그것이 접촉을 통한 성장이며, 관계를 통한 삶의 치유과정입니다.

우리 인간의 삶에서 거부할 수 없는 절대고독, 모든 관계의 장애로부터 비롯되는 우울, 상실의 아픔, 그리고 분노, 사랑의 부족으로부터 오는 모든 정서적인 불균형과 결핍들이 이러한 접촉을 통해 근원적인 돌봄과 치유가 가능합니다. 접촉을 통해 누군가와의 '연결됨'을 체험하는 것으로, 삶에서 끊임없이 불편함과 고통을 주던, 내 몸과 마음에 밴 '관계로부터의 생채기'가 아물기 시작합니다.

당신의 손길로, 나는 '무엇'이 된다

●

내담자들의 주된 호소는 '삶이 왜 이렇게 힘들고 괴로운가'라는 내용입니다. 그들의 몸과 마음의 근원으로부터의 상처와 고통을 어루만져 다독여주고 난 다음, 나는 치유에 도움이 되는 책을 한 권씩 선물로 주곤 합니다. 책을 그의 손에 들려주기 전에 나는 책표지를 넘기고 만나는 면지 위에 이렇게 씁니다.

"당신은 고귀한 존재입니다."

상처 받은 몸과 마음의 고통 때문에 세상을 원망하고, 존재의 의미와 이유를 외면하고 싶었던 그들은 팽팽하게 자신을 옭죄던 고통의 속박으로부터 느슨해진 상태에서 이 한 줄의 글을 통해 자신을 돌아보게 됩니다. 눈물을 주르륵 흘리는 이들도 있습니다.

나를 무조건 받아주고, 조건 없이 이해하고 인정해주는 누군가가 필요했습니다. 어렵고 힘들 때 가만히 다가가서 편안하게 기댈 수 있는 언덕이 그리웠습니다. 세상은 막혀있고 나는 소외된 존재라고 절망할 때가 있었습니다. 그럴 때마다 마음의 문을 활짝 열고 따뜻하게 받아주는 소통의 대상이 내 곁에 제발 있었으면 하는 바람이 있었을 겁니다. 사랑과 정성을 가득 담은 손길에서, '나를 돌보아주는 누군가가 이 세상에 있구나' 하는 환희의 마음이 떠오릅니다.

> 왜, 자기 자신이 참 쓸모없다고 생각될 때가 있잖아요. 그런데 정성스럽게 저를 돌보아주실 때 '나도 참 소중한 존재다'라는 것을 느끼면서 마음이 참 편해지는 걸 느껴요. [사례3. 3회차]

몸을 접촉하고 어루만진다는 것은, 우리의 몸만이 아니라 마음도 어루만진다는 것을 의미합니다. 위의 내담자 사례에서 볼 수 있듯이 심리치료에서 이처럼 적절한 접촉을 통한 몸으로의 접근은 마음속에서 해결되지 않은 채 남아있던 근원적인 문제의 치유와 더불어 인간의 내면에 잠재하고 있는 가능성을 확인하고 키워줍니다.

안전하게 돌봄을 받고 있다는 몸의 체험은 나는 결코 외롭지 않은 존재이구나 하는 사랑의 순수의식을 되찾게 합니다. 내 삶에는 고통 없는 온전한 돌봄의 순간, 기쁨과 행복으로 충만했던 지복至福의 순간도 있었구나 하고, 긍정의 데이터들이 무의식의 문을 열고 떠오릅니다. 통찰의 떠오름, 그런 알아차림의 순간에 우리의 자아는 한 뼘씩 더 성장하고, 의식은 애벌레의 껍질을 벗고 나비로 탈바꿈하듯 확장됩니다.

위태로운 집, 버릴 것인가 보수할 것인가

치유된다는 것, 그리고 성장한다는 것은 껍질을 깨고 나와야 하는 변형의 과정입니다. 알이 밖으로부터의 힘으로 깨어진다면, 생명은 끝납니다. 하지만 내 안의 힘으로 깨뜨릴 수 있다면, 생명은 새롭게 시작될 수 있습니다. 위대한 변화는, 그처럼 늘 내 안으로부터 시작됩니다.

사람들은 자신만의 틀을 지니고 살아갑니다. 오래된 자신의 틀이 부실하다고 느끼고 있는 사람도 지금까지 자신을 살게 한 그 틀이 자신이 선택할 수 있는 유일한 것이라고 믿고 있습니다. 바꿈으로써 새롭게 될 수 있다는 것을 믿기 어렵고, 지금 가지고 있는 것마저 잃어버리는 것이 아닐까 하는 불안이 있습니다. 하지만 경험해보지 않고서 온전하게 알아차릴 수는 없습니다. 사랑과 배려의 접촉으로 인정받고, 이해받고, 돌봄을 받는 체험을 하면서 과거의 애착 패턴을 해체할 뿐 아니라 새로운 애착 패턴을 새롭게 구성하는, '마음의 틀 재구성하기' 도 마찬가지입니다. 상처 받는 것이 두렵다고 새로운 관계맺기를 두려워하는 사람은 자기를 단단하게 감싸고 있는 틀 안에서 외로움과 벗하며 살겠지요.

앞서 이야기한 바 있지만 주의를 환기시키기 위해서 안정된 애착 형성의 중요성을 다시 강조하고자 합니다. 애착이론의 아버지라고 불리는 존 보울비는 WHO 연구논문《어머니의 보살핌과 정신건강 Maternal care and mental health》에서 분명하게 말합니다.

> 오랫동안 어머니의 보살핌을 받지 못한 어린아이는 성격 형성에 중대한 영향을 받으며, 마치 유년기의 비타민 결핍처럼 성인이 되어서까지 영향을 끼치기도 한다.

생애 초기에 누군가의 도움 없이는 살아남을 수 없던 시절, 말을 익히기 전이라 기억 속에 생생하게 저장되어 있지는 않지만 '몸에 깃들어 있는' 방치되었던 체험은 어른이 되어서도 나의 내면에 그대로 남아 이어집니다. 내가 돌봄을 필요로 할 때 누군가 옆에서 즉각 접촉으로 응답해주지 않고 제대로 돌보아주지 않았던 경험—무시하거나 집착하는 부모 때문에 안식처이자 공포의 근원이 되었던—은 안정되지 않은 애착관계로 남습니다.

안정된 애착관계 형성은 집으로 말하자면 잘 배합되어 단단해진 콘크리트로 기초공사가 된 것과 같습니다. 구조적으로 토대가 단단한 집처럼 개인의 삶과 성격도 오랜 시간 균열이 생기지 않고 흔들림이 없을 정도로 견고합니다. 가정은 개인의 신체적, 정신적 건강의 토대를 만들어줍니다.

어린 시절 열악한 양육 환경, 즉 혼란과 방치 속에서 자라난 사람들은 안정된 유년기의 돌봄을 받은 사람들보다 우울증을 앓거나 만성질환을 포함한 여러 가지 질병과 중독행위에 노출될 가능성이 높고, 자살 시도도 많습니다.

개인이 타고난 취약성은 적절한 보살핌을 받을 수 있는 따뜻한 가정 환경에선 드러나지 않을 수 있지만, 사랑이 담긴 따뜻한 보살핌의 접촉이 없거나 일관되지 않은 '위험한 가정'에서는 겉으로 드러나게 된다고 합니다.

생애 초기, '자기'의 토대를 만들어야 하는 결정적인 시점에 가장 가까운 양육자의 접촉이 결핍된 상태에서 성장한 사람은 적절한 '자기감 Sense of Self, 自己感'을 발달시킬 수 없습니다. 자아自我라고도 하는 자기감이란 인식의 경험이 아니라 경험적 통합이며, 자신의 삶이 살 만한 가치가 있다는 희망의 느낌이 생김으로써 촉진됩니다. 따라서 다른 사람과의 관계를 맺지 못하고 인간적인 유대가 없으면, '나'라는 개념이 자기 안에 없으므로 그런 사람은 자기 자신을 파괴합니다.

얻은 것도 없으므로 잃을 것도 없다는 것이 '접촉 부재不在'를 체험한 사람들의 위험한 생각입니다. 하지만 이제 그런 생각의 덫에서 벗어날 수 있기를 바랍니다.

토대가 약하고 골조가 성긴 채로 지어진 집은 스스로 허물어집니다. 그런 위험으로부터 벗어나기 위한 현명한 선택은, 취약한 부분을 보수하고 보강해서 새롭게 하는 일입니다. 집은 사람의 손길이 닿아야 생명을 갖습니다. 그리고 사람의 손길과 발길이 잦을수록 집은 빛이 나고 오래갑니다.

건강한 접촉의 체험으로 마음의 틀을 재구성하시기 바랍니다. 그것이 나를 치유와 성장의 길로 안내하는 내 안으로부터의 힘, 생명의 원동력입니다.

● ● 돌봄을 위한 접촉 1 ● ●

접촉에 힘을 실어주는
이미지

미켈란젤로가 그린 시스티나 성당 천장화 〈아담의 탄생 Creation of Adam〉 중 일부.

1. 기본적인 상태 : 텅 빈 마음
치유를 위한 접촉을 주고받을 때 기본적인 마음 상태는 고요하게 비어 있는 상태이며, 몸은 깊고 고른 호흡으로 이완되어 있어야 한다. 이 상태는 긍정의 기운, 치유의 에너지를 채울 준비가 되어 있는 상태이다. 그리고 떠오르는 생각들에 대해서 판단과 분석을 멈추고 느슨한 마음으로 바라본다.

따뜻한 대화는 접촉을 주고받기 위한 공감적인 인간관계(라포르rapport)[37]를 위해 도움이 되지만, 치유를 위한 접촉을 주고받을 때 말은 집중의 방해요인이 될 수 있다. 치유적인 접촉을 주는 이와 받는 이가 접촉이 이루어지는 접점의 부위에 집중해야 한다.

2. 적극적인 상태 : 결과를 이미지로 떠올리며 현실로 받아들인다[38]
말은 나의 소망이 제대로 모양새를 갖추게 하고, 이미지는 내 소망이 현실에서 이루어질 수 있도록 근거가 되게 한다. 내 소망은 '말'로써 열매를 맺을 수 있는 씨앗이 되고, 명상할 때와 같은 느슨한 의식 상태에서 이미지로 떠올리는 '시각화 과정'은 소망을 현실화하는 토양이 된다. 그러한 이미지에 집중을 하면 할수록, 즉 '집중의 밀도'가 높을수록 씨앗이 잘 자랄 수 있는 비옥한 토양이 됨을 잊지 말 것. 그리고 내 마음속의 열망, 기대, 확신은 에너지를 북돋워주는 성장의 요소가 된다. 주는 이의 마음의 순도가 높을수록, 또 크고 강렬할수록 유익한 에너지가 투입된다.

3. 치유의 접촉에서 창조적 시각화의 활용순서

1) 고요한 마음으로 손쓰기 부위에 접촉하고 그곳에 의식을 집중한다.
2) 받는 이가 온전하게 치유되어 건강을 회복한 모습을 이미지로 떠올리며 접촉한다.
   이미지는 말보다 강하다.
3) 온전하게 건강한 모습을 현실이라 느끼며 감사의 마음으로 치유의 접촉을 한다.
   마음속으로 이 말을 되풀이하면서 간절하게 기원한다.
   '이 사랑의 손길로, 몸과 마음의 아픔을 달래줄 수 있기를.
   이 사람이 삶의 고통으로부터 벗어날 수 있기를.
   이 사람이 진정한 위안과 행복을 얻을 수 있기를.'

보살핌의 베이스캠프

믿음, 새로운 관계 맺기의 마중물

> 만약 우리의 초기 관계에 문제가 있었다면, 이후의 관계들이 두 번째 기회를 제공하여 안정된 애착에서 비롯되는 마음의 자유를 누리며 사랑하고 느끼고 성찰할 수 있는 가능성을 우리에게 줄 수도 있다. 성공적인 심리치료는 바로 이런 치유적인 관계를 제공한다.[39]

미국의 심리치료사인 월린 박사는 《애착과 심리치료》에서 생애 초기에 형성된 불안정한 애착으로부터 벗어날 수 있는 방법은 새로운 '관계 맺기'라고 말합니다.

불안정한 애착을 체험한 아이는 어른이 되어서도 토대가 단단하지 않은 집처럼 견고하지 못해서 개인의 몸과 마음, 그리고 성격에 균열이 있기도 하고 잘 흔들립니다. 따라서 이들의 새로운 관계 맺기는 무척 조심스럽습니다. 그 새로운 관계 맺기의 출발점은 안전하게 보호받을 수 있다는 '믿음'으로부터 시작됩니다.

그들이 세상에 태어나서 처음으로 부여받는 발달의 과제는 기본적으로 신뢰감을 형성하는 것이었습니다. 하지만 그들이 처음 자기 아닌 다른 사람으로 관계를 맺은 양육자는 아쉽게도 신뢰할 수 없는 사람이었습니다. 따라서 그들의 삶의 뿌리는 불신이라는 오염된 토양에 내려져 있습니다. '세상에 나를 돌보아줄 사람은 아무도 없다. 내가 믿을 사람은 아무도 없다'라고 생각하는 그는 자기 둘레에 높은 울타리를 치고, 문을 굳게 닫은 채 아무도 자신의 내면에 들이지 않습니다. 스스로 외롭게 고립합니다. 그렇지 않으면 너무 지나칠 정도로 믿어서 의존적으로 집착하고 또 버림받고 하는 반복적인 악순환의 흐름에 휩쓸리기도 합니다. 중독 전문가인 패트릭 칸스Patrick Carnes는 신뢰감을 제대로 배우지 못한 사람들이 친밀한 것과 맹목적인 것, 관심과 집착, 보호와 통제를 혼동하는 경우가 있다고 말합니다.

이들을 세상 밖으로 이끌어 건강하게 현실과 마주하게 해줄 필요가 있습니다. '위험한 가정' 밖에서 믿을 수 있는 누군가와의 관계 맺기를 통해서 그들의 마음속에 새로운 사랑의 둥지, 안전한 베이스캠프가 자리 잡을 수 있도록 이끌어주는 일을 누군가 해주어야 합니다.

친밀한 관계를 맺는다는 것은 신뢰를 바탕으로 이루어집니다. 생애 초기의 양육자로부터 믿음을 배울 수 없었다면 자기를 둘러싸고 있는 세상의 누군가로부터 믿음을 체험할 수 있어야 합니다. 자기 밖의 세상과 타인에 대한 믿음은 자기 내면의 세계로부터 믿음을 불러옵니다. 마치 물 펌프에 넣어 깊은 샘으로부터 물을 끌어올리는 마중물과도 같이 말입니다. 나의 내면에서 믿음의 마중물로 끌어올려진 것들에서 내 안에 가지고 있었지만 내게는 없다고 생각하던 것들을 발견할 수 있습니다. 나의 장점, 능력, 감정, 그리고 희망 등등이 내 안의

신뢰해도 좋을 든든한 자원들입니다.

  내가 외로움에 힘을 잃고 주저앉아 고통을 받으며 울고 있을 때 누군가가 내밀어주는 따뜻한 손길은 보살핌의 접촉입니다. 보살핌은 마음에 높이 쌓인 불신의 얼음 울타리를 녹여주는 따뜻한 위안과 위로의 체험입니다.

어머니 손길, 아버지 손길

  인간은 홀로 살도록 태어나지 않았습니다. 나를 둘러싸고 있는 보살핌의 구조는 여러 겹의 껍질이 있는 양파와도 같이 겹층으로 이루어져 있습니다. 나를 가장 가까이에서 보듬어주는 첫 번째 바깥층에는 어머니 또는 지속적으로 '나'를 보살펴주는 양육자—많은 경우에 아버지—가 있습니다. 아이를 낳고 돌보는 데 있어서 주된 양육자는 어머니이며 그래서 보살핌의 시스템에서 어머니의 역할은 중심에 있습니다. 아버지의 부성은 아이를 키우는 양육의 장에서 어머니가 제 기능을 못하는 때에 대신 아이를 보살피는 기능을 하므로 보살핌의 여벌 시스템이라고 할 수 있습니다. 아버지의 부성은 아이가 어머니와 불안정 애착이 형성될 때 나타날 수 있는 여러 가지 부정적인 결과들을 상쇄시켜주는 중요한 보완기능을 수행합니다.

하지만 음과 양이 공존하면서 하나의 생명으로 잉태되듯이, 아버지의 부성은 단지 아이를 키우는 데 있어서 대체기능을 하는 여벌의 존재가 아닙니다. 있어도 그만 없어도 그만인 잉여물이 아니라 없어서는 안 될 반드시 필요한 존재로서의 '짝'입니다. 어머니와 아버지는 두 사람 사이에서 태어난 아이가 조화롭고 균형 잡힌 사람으로서 성품을 만들어가는 데 서로 부족한 부분을 채워주는 상호작용을 합니다. 어머니의 자애로운 손길을 통해 아이들은 부드러운 돌봄과 세심한 배려를 받고 있다고 느끼며, 아버지의 힘 있고 믿음직한 손길을 통해 안전한 보호를 받고 있다고 느낍니다.

아이를 키우는 데 자신이 할 일은 없다고 생각하면서 방관하는 아버지들이 있습니다. 아주 잘못된 생각입니다. 건강하게 균형 잡힌 한 인간으로 성숙하고 사회인으로 기능하게 하는 데 있어서 아버지 나름의 중요한 역할이 있는 것입니다.

나를 잡아주는 사회적 손길

●

누구에게서 보살핌과 사랑을 받고 있다는 느낌을 갖는 것은 사람이 건강하게 살아가는 데에 있어서 으뜸으로 꼽을 수 있는 중요한 요인입니다. 자기를 둘러싸고 있는 네트워크에 연결되어 있음을 알아차릴 수 있게 하는 사랑을 '사회적 지지'라고도 합니다. 이 사회적 지지의 영향력은 한 개인이 건강하기 위해 꼭 필요한 음식이나 운동과 같은 생활습관들보다 훨씬 더 강력합니다. 사회적 지지는 자기 자신이 다른 사람의 사랑을 받고 있고, 존중받고 있고, 보살핌을 받고 있으며, 서로 도움을 주는 집단구성원의 한 사람이라는 믿음을 갖도록 해주는 것입니다.

생존을 위해 필수적이며 기본적인 보살핌의 틀인 부모의 바깥층으로, 보살핌을 위한 그물망과 같이 나를 받쳐주고 버틸 수 있도록 자원을 제공해주는 가족과 가까운 친구들, 그리고 이웃과 좀 더 넓은 범위의 공동체가 사회적 지지층입니다.

한가운데에 있는 나를 둘러싸고 있는 각 층은 중심부를 향해 가까이 위치하는 층들을 보호해주고, 적절한 보살핌이 가능한 환경을 제공해주고, 그 다음 필요한 경우에는 추가적인 보살핌의 자원을 제공해줍니다. 건강한 개인과 가정, 복지사회에서 서로 돌보아주는 보살핌 시스템은, 이런 구조 안의 모든 경계가 구분되면서 지켜지고, 그 경계에서 막힘없이 유연하게 서로 접촉하며 소통할 때 제대로 기능하게 됩니다.

보살핌의 겹층 시스템에서 접촉을 통한 치유의 경로와 차원을 이해할 수 있습니다.

미국 애리조나대학의 슈바르츠와 루섹Gary E. R. Schwartz & Linda G. S. Russek은 "사랑을 따뜻한 것으로 지각하는 것만으로도 가장 핵심적인 생물심리사회적·영적 완충제의 역할을 하며, 스트레스나 병균에 의한 부정적 영향을 완화하고 면역기능과 치유능력을 촉진한다"라고 연구결과를 전합니다. 안전하게 보호받을 수 있도록 보장된 사회적 연계 시스템과의 접촉은, 개인의 정신적인 스트레스를 줄여줄 뿐만 아니라 신체 안에서 신경 내분비계를 자극해 행복감을 느끼게 하며 건강에 여러 가지로 이로운 효과를 냅니다.

'나'는 사회 구성원으로서 아주 작은 한 개체입니다. 개별적인 존재인 모든 '나'가 저마다 사랑과 친밀감을 느끼도록 접촉하고 보살펴주어야 합니다. 그렇게 사랑과 친밀감을 나누는 것이 나와 너, 그리고 우리 공동체 모두의 균형 잡힌 조화로운 성장과 건강함을 향한 치유의 시작이자 끝입니다.

치유의 응답은, 받을 것을 기대하지 않고 아낌없이 사랑을 나눌 때 사랑을 주는 이와 사랑을 받는 이 모두의 내면으로부터 들리기 시작합니다. 이슬비처럼 조용하게 내 몸과 마음을 적시듯 깃들다가 때로는 천둥번개처럼 큰 울림으로 놀라운 변화를 가져올 것입니다.

●●● 돌봄을 위한 접촉 2 ●●●

손얹기

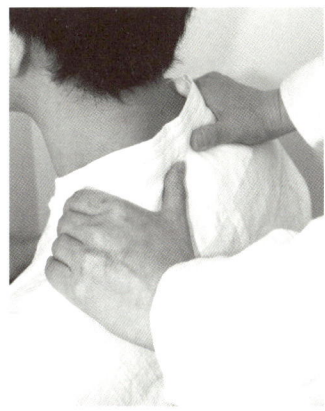
ⓒ이달희

사람의 몸에 손을 얹는 행위. 인간의 접촉행위는 손얹기로부터 시작된다. 손얹기는 누군가를 돌보아 아픔을 달래주고 병을 치료하는 데 있어서 도움이 되게 하는 가장 본능적이며 원초적인 치유행위이다. 우리는 어딘가 아플 때 거의 무의식적으로 그곳을 손으로 덮거나 감싸거나 한다. 그리고 사랑하는 사람의 아픔을 덜어주고 싶은 마음이 간절할 때도 저도 모르게 아픈 곳에 손부터 얹어서 조심스레 덮어주고 감싸주고 잡아준다.

손얹기의 효과
첫째 효과는 진통과 진정작용. 아픈 사람 몸의 통증뿐만 아니라 몸과 마음의 흥분을 가라앉히고 긴장을 이완시켜준다.
둘째는 기력 회복 작용이다. 침체된 생리적인 기능을 촉진시켜 쇠약해진 몸이 활력을 되찾을 수 있게 해준다.

손얹기의 방법
손얹기를 할 때, 주는 이는 온몸의 긴장을 이완하고, 받는 이가 압박감을 느끼지 않을 정도로 손바닥과 몸이 밀착된 상태를 유지한다.
손쓰기의 위치는 아프거나 불편하거나 감각적인 이상이 있는 곳, 또는 문제가 있는 내장기관이 위치한 부위이다. 손을 얹은 다음에는 호흡을 고르게 해서 잔잔하고 자연스런 호흡을 한다. 그리고 오직 손을 얹은 부위에 정신을 집중한다.

암도 내 몸이다

상실의 아픔

현대의학의 발전을 이끈 미국에서 1980년 전후부터 친밀함, 또는 과학자들이 입에 담기 꺼려했던 '사랑'에 대해서 관심을 갖기 시작했습니다. 심장병의 발생이 증가하는 현상을 사랑하는 사람의 상실로부터 나타난다고 해서 '상심증후군 broken heart syndrome'이라 이름 붙였습니다.

《상처 받은 마음 The Broken Heart》을 펴낸 미국의 정신의학자 제임스 린치 James Lynch의 연구결과는 사랑을 체험할 수 있는 따뜻한 접촉이 이들에게 긍정적인 효과가 있음을 보여주었습니다. 급성 심질환 때문에 심박동이 빠르고 불규칙한 환자는 물론, 집중치료실에 있는 혼수상태의 환자까지 간호사가 손을 잡은 채 다정하게 말을 거는 것만으로도 상태가 안정되었습니다. 상처 받은 마음을 안고 고립된 채 외롭게 살아가는 사람들에게 건강에 대한 위험신호를 보내면서 그에 대한 처방으로 이렇게 말합니다.

"사랑에 빠져라."[40]

저는 이 말을 지금까지 살펴본 접촉을 통한 사랑과 연결성의 체험들을 근거로 이렇게 바꾸어 말합니다.

"사랑의 손길로 접촉하라."

접촉이 이루어지는 지점을 생명의 접점이라고 할 때 치유의 맥락에서 접근하자면 그 접점은 바로 '사랑'입니다. 사랑은 그 모든 것을 가능하게 해주는 연결고리이자 건널 수 없을 것만 같은 거리도 뛰어넘을 수 있게 해주는 디딤돌이니까요.

암에 대한 몇 가지 진실

요즘 너무나 많은 사람들이 암에 노출되고 있습니다. 많은 병원들이 암 전문병동을 세우고 있고 조기 발견율이 높아져서 생존율을 높이고 있다고는 합니다. 하지만 근본적인 예방과 치유를 위한 접근에는 개인의 삶의 방식에서 새로운 선택이 필요하고 사회적인 지원과 지지가 필요합니다. 암에 걸리기 쉬운 성격, 즉 종양 경향성 cancer prone 을 지닌 사람들은 감정적으로 억압되어 있고, 친밀감이나 사랑의 경험이 별로 없다고 합니다.

이들을 진심으로 돕는 길은 그들의 내면에 억압된 채 맺힌 감정을 풀어주고, 이전에는 느낄 수 없을 것이라 생각하던 친밀감과 그리고

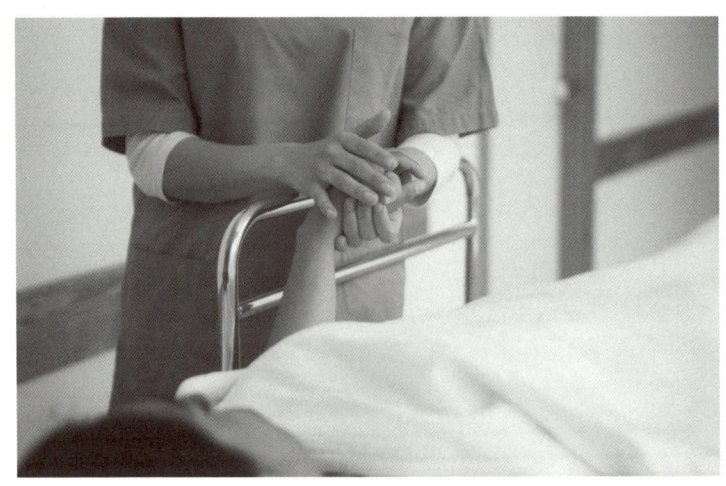

사랑을 삶 속에서 체험할 수 있게 기회를 제공하는 것입니다. "우리가 제대로 처리되지 않은 감정적 상실감으로 고통받을 때 몸은 종종 새로운 것을 자라나게 한다"라고 미국 예일대학의 암 전문의인 버니 시겔Bernie Siegel 은 말합니다.

> 나는 결국 모든 질병은 충분한 애정을 받지 못하거나 조건부 사랑만을 받은 사람의 면역계가 지치고 우울해져 몸이 약해지기 때문에 생긴다고 생각한다. 또한 모든 치유는 무조건적인 사랑을 주고받을 수 있는 능력과 관련이 있다. 내가 생각하는 진실은 사랑이 병을 치유한다는 것이다.[41]

암치료 전문인 의사가 병을 치유하는 것은 '사랑'이라고 명확하게 말하고 있습니다. 세상에 존재하는 모든 생명은 서로 사랑으로 연결된 존재입니다. 그래서 사랑은 사람과 사람 사이에 치유의 에너지를 서로 주고받을 수 있게 하는, 마치 물결처럼 퍼져가는 보편적인 파동입니다. 내가 보낸 사랑은 누군가에게 전해집니다. 그렇게 사랑이 다리 놓아준 접점에서 사람들은 서로 접촉하여 밀도 높게 연결됩니다. 나의 내면에 채워진 사랑이 너와 나의 관계로 이어지면서 막힘없이 소통될 때 우리 몸과 마음에 갇혀 있던 응어리진 정서가 풀리고, 무의식에 기록된 분노와 미움, 두려움의 매듭을 스스로 풀게 되면서 온전한 치유에 이르게 됩니다.

암의 치료는 '몸의 치료가 아니라 삶의 치료로 보아야 한다'고 강조됩니다. 최근에는 현대의학도 그러한 전체적인 맥락에서 암을 치료해야 한다고 공감하면서 암환우들의 삶의 질을 높이기 위한 여러 가지 시도를 하고 있습니다. 우리나라 대형병원들이 암환우들의 지지모임을 만들고 있는 것은 그런 시도 중 한 가지입니다. 그런 모임에서는 암이라는 같은 문제로 고통받는 사람들이 자신의 내면에서 자원을 발견할 수 있도록 돕고, 서로 연대감과 친밀감을 느낄 수 있는 프로그램들을 운영하고 있습니다. 저도 이들을 대상으로 사랑 나눔의 접촉을 통해 내면의 힘을 얻고 사랑과 친밀감을 체험하게 하는 프로그램을 운영하면서 참여하고 있습니다.

그들과 함께 하면서 이들이 사랑의 접촉을 조금만 더 일찍 체험할 수 있었더라면 하는 안타까운 마음이 들 때가 많았습니다. 대부분의 사람은 병의 증상이 나타나고, 건강을 잃은 다음 나 자신의 삶을 돌아보게 됩니다. 더 나은 것은, 내 몸과 마음이 어느 순간 휘청거려진다는 '취약함'이 느껴질 때, 보살핌의 손길이 필요하다는 것을 알아차려야 한다는 것입니다.

암환우들을 위한 이러한 사회적 지지모임은 힘든 치유의 길을 누군가와 '함께 가고 있음'을 알아차리게 해줍니다. 다른 사람의 보살핌을 받으면서 얻는 위안은 스트레스 시스템을 안정시켜주고 우리 몸에 유익하다는 것을 미국의 정신과 의사 데이비드 스피겔(David Spiegel)도 입증했습니다.[42]

유대감과 사랑이 암의 치유에 결정적인 영향을 미친다면, 사랑은 어떠한 대가를 기대하지 않고 아낌없이 주고 싶은 마음으로부터 나온다는 것도 잊지 말아야 합니다. 사랑은 나누면 나눌수록 더욱 커지고, 우리는 그 사랑 안에서 치유되고 회복되어갑니다.

암도 사랑으로 어루만져주어야 할 내 몸이며, 상처 받은 내 마음입니다.

● ● **돌봄을 위한 접촉 3** ● ●

짚어주기

짚는다는 행동은 접촉부위에 몸을 의지한다는 것. 맥을 짚다, 이마를 짚어본다는 것처럼 가볍게 누른다는 의미의 동작이다. 받는 이의 몸이 원하는 대로 그 요구에 따라 압력을 가감하면서 효과를 기대할 수 있다. 좀 더 확실하게 덮어주고, 힘 있게 감싸주고, 믿음직스럽게 잡아주어야 한다. 그것이 짚어주기의 시작이다.

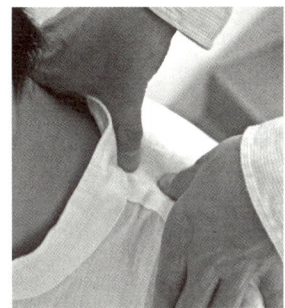
ⓒ이달희

짚어주기를 위한 손쓰기

짚어주기는 덮어주기의 손 모양 그대로 압력을 가하고서 잠시 멈추는 '덮어짚기'와 엄지와 나머지 네 손가락으로 죄듯이 압력을 가하고서 잠시 멈추는 잡아주기의 손 모양 그대로 힘을 주는 '잡아짚기'로 변형된다. 잡아짚기에서 엄지와 네 손가락은 서로 압력 받침이 되어준다.

덮어짚기는 엎드려누웠을 때 장딴지와 허벅지를 대상으로 한다. 주는 이의 체중을 실어 압력을 가한다. 잡아짚기는 손아귀의 힘을 이용한다는 점에 차이가 있다. 따라서 잡아짚기는 팔다리나 손발처럼 손아귀로 잡을 수 있는 부위를 살피거나 손보기에 적합한 손쓰기이다.

모둠 손으로 덮어짚기

엎드려 누운 이의 등 부분을 손볼 때 하는 손쓰기. 양손을 나비날개처럼 한데 모아 동시에 덮어짚는다. 받는 이의 호흡에 맞춰 내쉴 때 두 손으로 함께 짚으면서 멈추고 압력을 전하고, 들숨 때 팔꿈치를 접어 늦추면서 호흡을 도와준다. 양손에 똑같이 몸무게가 실리도록 한다. 양손을 모아서 짚기, 멈추기, 늦추기를 진행하면 받는 이는 두 손 아닌 하나의 커다란 손이 자기 몸을 넓게 '덮어' 짚는 것 같은 안정감을 느끼게 된다. 깊은 호흡을 의식적으로 할 수 있도록 도와주면서 이완을 촉진한다.

기도하듯 접촉하라

몸으로 기도하는 스님

　오래된 내담자 중 한 분인 비구니 스님이 오셨습니다. 출가 전 역술가로 이름을 널리 알리시던 때부터 인연을 맺었던 분입니다. 저의 치유적인 접근에 깊은 신뢰를 가지고 있는 분이라 주변의 많은 사람들과 보살핌의 인연을 맺게 해주셨습니다. 그 사이에 스님이 사랑하시던 딸과 어머니도 세상을 떠났습니다. 그리고 자신의 가장 가까운 그분들의 임종 직전까지 제가 따뜻한 사랑의 손길로 고통 없이 이 세상을 떠날 수 있도록 돌보아주기를 간절히 바랐습니다.
　기도와 수행으로 맑게 정화되어 있는 사람일수록 사랑의 마음으로 정성을 담아 돌보아주는 손길을 단박에 알아차립니다. 사랑과 정성을 담은 보살핌의 접촉은 그 손길이 닿는 몸의 부위마다 마음에서 전해지는 사랑의 에너지가 탑처럼 쌓입니다. 느린 걸음으로 사랑의 탑을 쌓고 고요하게 머물면서 탑의 무게와 기운이 몸속 깊이 전해져 마음을 움직일 때까지 기다립니다. 마치 스님들이 고요하게 걸음을 걸으면서 자신의 내면을 바라보고 명상하는 걷기명상, 행공行功의 체험을 몸을 통해 하게 됩니다. 그래서 몸을 통해 마음에 다가가는 신체 중심 심리치료 작업은 수행자들에게는 흐트러진 몸과 마음의 조화와 균형을 바로 잡고, 초심으로 돌아가게 해주는 기도와 수행의 또 다른 한 방편이 되는 겁니다.

목탁을 많이 두드려서 팔이 아프다며 '직업병이야'라고 하소연하시는 이 스님께 옛날 생각이 나서 뜬금없이 물었습니다. "요즘도 운명 상담해주세요?"라고.

"아니요. 봐달라고 해도 안 봐줘요. 기도하면 되는데."

그 말을 듣고, 고속도로를 운전하다 어떤 교회 건물 벽에서 본, '왜 걱정하십니까? 기도하면 되는데'라고 쓰여진 현수막 글귀가 떠올라 슬며시 미소가 지어졌습니다. '기도하면 되는데'라는 그 말이 제게는 '기도하는 마음으로 손을 쓰면 되는데'라고 들려왔습니다. '기도하는 마음으로 접촉하라'는 말입니다. 이 말이 제 기억 속의 시계를 수십 년 전으로 돌려놓습니다.

추기경님과 아버지

●

병환중의 아버님께선 몇 차례 어려운 고비를 넘기셨습니다. 쓰러지시고 3년 뒤에 가장 극적인 생사의 갈림길에서 우리는 아버님을 정말로 포기할 뻔했습니다. 보름이나 혼수상태셨을 때 의사들이 '이제는 진짜 임종을 준비해야 할 것 같다'라고 했으니까요.

그때, 아버님과 가까이 지내시던 김수환 추기경께서 아버님이 위중하시다는 소식을 듣고 와주셨습니다. 중환자실에서 의식을 잃고 누워계신 아버님께 병자성사 의식이 진행되었습니다. 저도 그 뒤에 서서 온 마음으로 아버님의 회복을 바라는 기도를 했습니다. 추기경님께선 의식을 마치신 다음 누워계신 아버님을 꼭 껴안고 아버님 귀에다 무어라 말씀하셨습니다.

놀랍게도 그 다음 날, 아버님께선 눈을 번쩍 뜨셨습니다. 의식을 되찾으신 겁니다. 가족들은 물론, 임종을 준비하라고 했던 주치의도 깜짝 놀랐습니다. 의사들이 3개월밖에 못 사신다고 했던 말과 달리, 15년을 더 사시다가 칠순을 맞으시던 해에 돌아가셨습니다. 그동안 아버님의 자녀들 6남매가 모두 대학을 마치고, 결혼하는 모습을 지켜보셨고, 귀여운 손자들까지 보셨습니다.

다시 생명을 얻으신 아버님을 위해 우리 가족이 할 수 있었던 것은 기도하고, 또 기도하는 일이었습니다. 그리고 기도하듯이 온 마음을 담아 아버님의 온몸을 만지면서 사랑하는 가족이 함께 있음을 알려드리고, 생명의 에너지가 멈추지 않도록 주물러드렸습니다. 하늘을 움직인 사랑과 믿음, 기도, 그리고 접촉의 힘, 그 기적과도 같은 치유의 체험을 그때 저는 했습니다. 그러므로 누군가 어렵고 힘이 들어 못살겠다고 고통을 호소하면서 저를 찾아오면 그때 그 마음으로 어루만져줍니다. 마치 기도하듯 간절하게.

사랑, 믿음, 기도, 그리고 접촉을 통한 보살핌.
돌아보면 이들에는 공통점이 있는 것 같습니다.

좋은 시절에는 그 소중함을 잘 모릅니다.
어렵고 힘든 시절에 그 소중함을 알게 됩니다.

절망이라는 폭풍의 골짜기에서 희망으로 빛나는 언덕으로 오를 수 있게 하는 생명의 디딤돌 이름은 사랑, 믿음, 기도입니다. 그리고 가뿐하게 오를 수 있도록 이끌어주는 손길은 접촉을 통한 보살핌입니다.

● ● 돌봄을 위한 접촉 4 ● ●

주물러주기

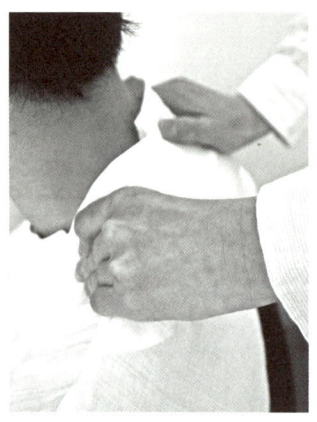
ⓒ이달희

집에서 어른들이 아이들에게 많이 주문하는 것이 '주물러봐라'이다. 그처럼 집에서 손쉽게 할 수 있는 손쓰기이다. 아이들이 아빠의 등에 올라타고 앉아 꼬물거리며 어깨를 주물러주면 참 시원하기도 하다. 그런 점을 고려하면 아빠와 아이들이 친밀감을 느낄 수 있는 놀이로서의 접촉도 될 수 있다. 아이들은 아빠의 몸을 이해할 수 있고, '우리는 가족'이라는 것을 느낄 수 있으니까. 어깨와 팔, 다리와 같이 근육이 발달한 신체 부위는 주무르기에 적당한 곳이다.

주물러주기의 효과
1. 생리기능의 침체, 신경마비나 저림, 근육의 위축·이완, 피부의 부종이나 냉증 등 이른바 '음의 증상'을 개선하는 효과가 있다.
2. 경맥과 경혈에 대한 자극으로 경줄기 전체의 기혈을 발동시킴으로써 해당 내장의 기능을 조절하는 효과가 있다.
3. 근육 경직과 피하의 응어리를 풀어주어 몸의 유연성을 높이는 효과가 있다.

주무르는 방법
주무르기는 다섯 손가락으로 움켜쥐는 손 모양으로 연속 동작을 반복하는 손쓰기이다. 주무르기를 할 때는 처음엔 움켜쥐면서 압력주기와 늦추기를 호흡에 맞춰 천천히 부드럽게 진행하면서 받는 이의 반응을 살펴야 한다. 그렇게 하면서 점차로 압력의 강도와 속도를 조절한다. 무턱대고 힘주어 주물러대면 오히려 근육 긴장을 유발하여 받는 이에게 불쾌감만을 줄 뿐 바라는 효과를 거두기 어렵다.

몸의 언어 해독하기

몸이 풀리면 삶도 풀린다

그동안 말을 중심으로 하는 서구적인 심리치료는 많은 부분을 놓치고 있었습니다. 그러한 불합리함에 대한 반동으로, 몸을 통해 마음에 다가가는 역발상의 심리치료의 이론적 근거를 제시한 사람은 정신분석학의 창시자 프로이트Freud의 제자였던, 정신분석가 빌헬름 라이히Wilhelm Reich였습니다.

그는 자연스러운 욕구와 감정을 계속적으로 억압하면 사람의 몸과 마음은 경직되고 만성화되면서 자기방어를 위해 성격이 마치 갑옷을 입은 것처럼 단단하게 무장한 것과 같게 된다고 했습니다. 이러한 상태는 마음으로부터 비롯되는 모든 몸의 문제와 병증을 만들게 되므로, 긴장을 풀고 이완된 상태에서 근육이 느슨하게 풀어지면 마음도 풀려서 심적 장애도 치유된다는 것을 밝혔습니다. 그가 창시한 라이히안 요법Reichian therapy은 여러 갈래의 신체 중심 심리치료로 이어지고 있습니다.

몸에서 분리되어 있던 마음을 넘어서 그는 인간을 전체로 바라보았습니다. 나무 한 그루가 아니라 숲 전체를 바라보니 숲의 생태가, 그리고 지금의 숲이 견뎌온 세월들이 남긴 자취가 그대로 보였습니다. 사람도 마찬가지입니다. 한 개인의 삶을 통한 모든 체험은 그대로 몸에 깃들어 있습니다. 이를 '체화體化, embodied되었다'라고 합니다.

몸은 정신적 충격체험에 대한 정서 반응을 함께 합니다. 정서 반응을 몸이 함께한다는 것은, 정서와 관련된 신체부위에서 경직된 동작이나 자세가 취해지고 풀리지 않는 긴장으로 몸의 변형을 가져오면서 '취약한 부분'이 여러 문제에 노출된다는 것입니다. 몸은 다시 그런 경험을 하고 싶지 않으므로 나도 모르게 성격에 드러나고, 관계에서 반응합니다. 또한 나를 지키기 위해 방어하느라 긴장하고 있는 동안은 아픈 줄도 모릅니다. 관심과 에너지가 모두 밖을 향해 있기 때문에 아플 틈이 없습니다. 하지만 그러한 위기를 직면하는 상황이 끝나면 아프기 시작합니다.

몸과 마음이 이완되면 어떤 고통이든 감각적으로 느낄 수 있는 공간이 생기므로 문제가 드러나는 것입니다. 그곳이 풀리지 않은 내 안의 과제, 해결되지 않은 마음의 상처로 취약해진 부분입니다. 바로 그곳에서 들려오는 내 몸의 소리에 귀를 기울여보아야 합니다.

지속적인 신체 작업으로 경직되었던 몸이 이완되면 마음도 느슨해지면서 '긍정의 상태'가 됩니다. 그런 긍정의 상태인 몸과 마음에는 부정적인 생각이 함께 할 수 없습니다. 나의 상태가 바뀌면 견고하게 붙잡고 있던 생각의 틀이 자연스럽게 바뀝니다.

이전까지는, 결과를 예측할 수 없는 상황이 나를 불안하게 했고, 그 불안의 정체가 나에게 스트레스를 주면서 나를 지키기 위해 두터운 갑옷을 벗을 수 없게 했습니다. 그래서 일어나지도 않은 결과를 두려워하면서 시작조차 할 수 없었던 것이지요. 안전함을 느끼면서 느슨해진 몸과 마음, 그리고 생각은 새로운 시도를 하면서 작은 성취를 이룰 수 있게 해줍니다. 그러한 성취 체험은 내가 스스로 내 앞에 직면한 문제 상황을 조절하고 통제할 수 있다는 신념을 갖게 하는 실마리가 되어 줍니다. 심리학에서 이것을 '통제감 효과 Controllability Effect'라고 합니다.

접촉으로 몸의 이완이 시작되면서 마음과 생각의 변화, 그리고 삶의 변화, 세상의 변화까지 가져오는 접촉의 연쇄적인 파급효과를 기대해 볼 수 있습니다. 그렇다면, 이 또한 '초끈 이론'(우주의 최소 단위를 끊임없이 진동하는 끈으로 보고 우주와 자연의 궁극적인 원리를 밝히려는 이론)과 같은 맥락이 아닐까 생각됩니다.

몸을 통해 마음이 치유된다

라이히가 언급했던 것처럼 몸이 이완되면 몸에 남아 있는 정서적 기억들이 떠오르면서 다시 체험하게 됩니다. 심리학자인 그렌버그 Glenberg 는 '체화된 기억 embodied memory' 개념을 제안했습니다. 체화된 기억 속에 그 기억과 연결된 대상과의 관계가 녹아 있습니다. 따스함과 포근함, 두려움과 분노 등 감정과 관련된 것은 '정서기억'입니다. 이런 원초적인 감정과 관련된 정서기억은 뇌의 한 중앙 깊숙한 곳, 뇌질환으로 잘 타격받지 않는 '편도체'에 보관됩니다. 정서기억은 또한 시간이 흐를수록 대뇌 피질 곳곳에 흩어져 파묻히기도 합니다. 이 때문에 가장 질긴 기억이 정서 기억입니다. 어머니에 대한 사무치는 그리움과 용서할 수 없는 자에 대한 분노는 해가 가도 옅어지지 않습니다.

그처럼 과거의 경험에 대한 의식적인 자각은 없지만 현재의 상태에 영향을 줄 수 있는 기억을 '암묵적 기억'이라고 합니다. 알고 있었지만 생각하려고 하지 않았던 기억들이 우리 안에 있습니다. 성인이 된 우리는 어린 시절 아이의 감성과 인식의 세계에서 저장되어 억압된 그러한 기억을 지금 여기에서 다시 꺼내 바라보고, 말로 그것을 드러낼 수 있을 때, 그때 거기에서의 정서를 인식하고 다시 체험할 수 있습니다. 지금-여기에서 내가 그 기억의 사건을 다시 체험하게 되는 것입니다.

심리치료에서 '탈脫동일시한다'는 것은 바로 그런 것입니다. 그때의 나와 지금의 나는 다르며, 그때 그 일은 지금 내가 체험하고 있는 것이 아님을 알게 합니다. '다름'에 대한 깨달음이라고 할까요.

몸을 통해 마음에 다가가는 첫걸음은 '이완'입니다. 접촉을 통해 이완되면서 그동안 긴장으로 막혀 있었거나 순조롭지 못했던 몸에서 에너지의 순환이 이루어집니다.

> 엎드려 누워서 허리부분을 만져주실 때 온몸으로 통증이 쫙 퍼진다는 느낌이 있었어요. 그 안쪽에 억압된 것들이 눌리면서 풍선처럼 바람이 빠진다고 해야 할까 퍼졌다고 해야 할까요. 뭉쳐졌던 것들이 해체되면서 증발된다는 느낌이지요. 억압된 분노였던 것 같아요. 대상은 여러 개가 있어서 그 분노와 연결되었던 사람들과 사건들이 생각났어요. 굉장히 강렬했었어요.[사례8. 1회차]

우리 몸의 에너지 체계가 평형상태를 되찾고, 막혔던 순환이 풀려

소통되게 되면 몸과 마음, 의식과 무의식의 통합을 자연스럽게 이루게 되며, 신체작업을 하는 치료자와 내담자 사이에는 접촉을 통한 공감의 소통이 이루어지게 됩니다. 긍정적인 몸의 상태를 통해 끌어올려진 긍정적 감정은 부정적 정서기억들이 체화되어 만들어진 심리적 결과를 상쇄합니다.

해결되지 못한 정서적 문제들은 요즘 흔히 입에 오르내리는 '정신적 외상trauma'이 됩니다. 그러한 문제는 그로 인해 조화와 균형이 깨어진 신체의 특정부분이나 장기에 응어리진 채로 남아 '신체화 증상'으로 나타납니다. 마음의 미묘한 변화와 작용일지라도 풀리지 않고 그대로 쌓인 채로 내버려두면 우리 몸의 만성적인 문젯거리로 발전한다는 말입니다.

마음의 문을 여는 열쇠는 '접촉'

정신적 외상체험이 있는 내담자들을 많이 다루게 되는 신체심리치료 장면에서는 말이 아니라 접촉이라는 비언어적 소통의 도움을 받습니다. 말로 정서적 상처를 표현하기 어려운 내담자도 몸의 체험을 통해 마음의 문이 슬며시 열립니다. 자아라고 하는 나의 본모습이 이 정도면 견딜 만한가, 안전한가 확인하기 위해서 살짝 울타리 밖을 엿보듯이 과거의 작은 일화나 감정의 한 부분, 또는 상태에 대한 은유적인 표현으로 드러냅니다. 그런 다음, 억압되어 있던 내면의 메시지들이 말로 바뀌어서 풀리지 않던 마음속 응어리들의 매듭이 풀리게 됩니다. 몸의 통증이 사라지고 마음이 여유로워지면서 무의식의 문이 열리고 억압된 부정적 정서들이 떠오릅니다.

　자기 내면의 취약한 부분이 드러나면서 외롭고 쓸쓸함을 느끼기도 하고, 무섭고 두렵기도 하며, 공허함을 느끼기도 합니다. 이제 취약한 내면의 모습을 드러낼 만큼 자아의 강도가 강화되었음을 알 수 있고, 부정적 정서가 풀어지는 전 단계임을 예고하는 지표가 됩니다. 억압된 부정적 정서가 무의식에서 의식으로 떠오른 다음, 그 자리는 긍정적인 정서가 대치, 즉 주인이 바뀌게 됩니다. 그것이 바로 '치료'가 아닌 내면으로부터의 조정작업을 거쳐 자발적으로 선택한 문제의 해결, 즉 '치유'입니다.

　누군가와의 관계에서 누군가의 마음을 공감하고 누군가로부터 내 마음을 공감받기 두려워하는, '닫혀 있는' 사람들이 있습니다. 그런 이들의 내면에는 남에게 상처 받는 것을 되풀이하고 싶지 않은 두려움이 있습니다. 그처럼 닫힌 마음의 문이 열리고 좁은 시야의 긴 터널을 빠져나와 넓은 세상을 마주하게 되면 인간은 성숙하게 되어 치유의 마무리 단계를 맞습니다.

　스스로 억압하고 왜곡시키고 회피함으로써 직접 바라보지 못했던, 또 바라보려고 하지 않았던 사건, 생각, 핵심정서를 내가 직접 바라보게 하는 것입니다. 그로부터 나의 현재 문제는 시간과 공간의 연장선 위에서 모두 연결되어 있음을, 어떠한 관계에서 비롯된 인과관계이거나 그것에 대한 나의 인지적인 해석, 그러니까 생각에서 비롯된 것임을 알아차리는 겁니다. 알아차림이 일어나는 순간, 내 의식과의 접촉을 통해 나를 고통스럽게 만들던 문제를 스스로 해결할 수 있는 실마리를 잡게 됩니다. 이제 그 고통으로부터 벗어날 수 있는 문과 길을 여는 열쇠는 그의 손에 쥐어졌습니다.

몸을 통해 마음을, 마음을 통해 몸을 바라보고 다가가 어루만져주려는 소통의 시도들이 심리치료 장면에서 활발하게 이루어지고 있습니다. 저도 그 안에서 이런 간절한 소망을 전하며 사랑의 탑을 쌓아가는 마음으로 접촉하고 있습니다.

부디 이제는,
마음의 빗장을 기꺼이 내려놓을 수 있기를.
홀로 있음의 외로움이 진정한 슬픔의 뿌리였다 말할 수 있기를.
그리하여,
혼자가 아니라, 공감의 장에서 우리 함께할 수 있기를.

● ● **돌봄을 위한 접촉 5** ● ●

역치
감각을 느낄 수 있는 자극의 문턱

부드러운 자극이 몸과 마음을 연다

치유 장면에선 어떠한 목적으로 접촉을 하는가에 따라서 손쓰기의 방식이 달라진다. 근육의 뭉친 것을 풀려면 고통을 참아야 한다며 비명소리가 나도록 강한 자극을 주는 신체자극법들이 있다. 하지만 이완을 통한 휴식과 몸과 마음의 소통을 목적으로 하는 신체심리치료에서는 '부드럽고 따스한 접촉'을 중요시한다. 그 부드러움과 따뜻함이 몸의 긴장을 풀어 이완시켜주고 마음도 느슨하게 해준다. 센 압력의 자극은 몸과 마음의 문을 더욱 단단하게 닫아버리게 한다. 그래서 의학의 아버지라 불리는 히포크라테스(Hippocrates)는 "세게 문지르면 근육을 뭉치게 하고, 많이 문지르면 근육을 피로하게 하며, 부드럽게 문지르면 근육을 자라게 한다"라고 말했다.

시원한 '쾌자극'의 경계를 찾아라

몸에 대한 접촉 자극에서 어느 수준의 만족감을 유지하려면 압력이 일정한 대역의 경계를 넘지 않아야 한다. 그 압력수준이 너무 낮으면 감각으로 인식되지 않고, 너무 세면 만족감이 아니라 고통으로 불쾌감을 느끼게 된다. 모든 물리적 자극이 감각 경험을 일으키는 것은 아니다. 감각경험이 일어나도록 하는 물리적 자극의 최소 크기, 자극에 대한 반응이 시작되는 바로 그 지점을 '역치(閾値, threshold)'라고 부른다. 역치는 세포의 종류에 따라 다르고 같은 세포일지라도 그 세포가 자극을 받는 상태에 따라서도 달라진다. 역치 이상의 자극을 주면 자극의 세기가 강해지더라도 반응의 크기는 일정하게 역치의 자극을 유지한다.

나를 어루만지다

접촉 추구의 단계

사람이 신체적인 접촉을 추구하는 행동에는 다섯 단계가 있다고 데스몬드 모리스가 정리했습니다.

1. 몸과 마음의 상처를 받게 되거나 극심한 스트레스를 받는 상황에서, 사랑하는 사람에게 다가가서 그 대상의 몸에 자신의 몸을 기대거나 손을 댐으로써 불안감을 누그러뜨리려고 한다.
2. 사랑으로 연결된 타인이 자기 가까이에 존재하지 않을 때, 사람들은 의사 등 신체적인 접촉을 직업으로 하는 사람 toucher 을 찾아간다.
3. 개나 고양이 등 애완동물 외에 다른 친근한 존재가 없는 경우, 따뜻하고 부드럽고 감촉 좋은 털을 가진 작은 동물과 신체적인 접촉을 한다.
4. 집 안에서 혼자 밤을 보내거나 한밤중에 어떤 기분 나쁜 소리에 잠을 깼을 때, 인간은 무심결에 침대 시트로 몸을 감싼다. 폭신하게 온몸을 감싸는 그 촉감은 안도감을 준다.

5. 어떤 조건도 충족되지 않을 때에는 자신의 몸으로 자신의 마음을 진정시킬 수밖에 없다. 그래서 인간은 다양한 동작으로 자신의 몸을 자신의 손으로 만지고, 껴안는다.[43]

내가 나를 위로하다

이처럼 아무도 내 아픈 몸과 마음을 어루만져줄 수 없다고 생각할 때 내가 나를 위로합니다. 인간이 접촉을 추구하면서 맞는 마지막 단계. 이 단계를 넘어선다는 것은 아마도 자기를 스스로 포기하는 절망적인 단계가 아닐까요.

절망의 단계로 넘어가지 않도록 스스로 자기 자신의 몸을 어루만지는 행위는, 내가 나를 위로하는 '자기 위안' 행동입니다. 인간의 생존을 위한 마지막 안전망이라고 할 수 있을까요. 생각이 여기까지 이르니 자기 위안 행동을 가볍게 여겨선 안 되겠다고 여겨집니다. 이런 자기 위안 행위는 부모나 연인이나 배우자의 손길 또한 가까이에 존재하지 않을 때, 그러한 돌봄의 손길을 기대할 수 없을 때 자신의 손을 사용합니다.

스스로 자신의 몸을 만지는 행위에서 만지는 역할을 하는 자신의 손은 타인의 손이 상징화된 것이라고 해석합니다. 인간의 무의식 세계에서 두 사람 간의 동작이 한 인간의 몸을 무대로 이루어지고 있다고 보는 겁니다. 따라서 이러한 자기위안 행위는, 두 사람 사이의 관계에서 이루어지는 실제 접촉 교류행위를 닮은 유사한pseudo 행위가 한 사람의 몸 위에서 전개되는 것입니다.

　자기접촉은 의식적으로 하는 것이 아니기 때문에 행해진 자기접촉에 대해서 거의 인식하지 못하여 아무런 느낌이 없는 경우가 대부분입니다. 자신을 어루만지거나, 붙잡거나, 껴안는다 해서 자신에게는 별로 느낌이 가는 것이 없습니다. 그러나 자기접촉이 무의식적인 것이라고 해서 그것이 중요하지 않거나 의미가 없는 것은 아닙니다. 자기를 스스로 만지는 모든 동작들을 대인적인 신체 접촉의 대체행위라고 볼 수는 없습니다.
　자기 자신을 사랑하지 않는 사람은 남도 사랑할 수가 없습니다. 타인과의 접촉으로 해결할 수 없을 때 자신을 사랑하기 위해 할 수 있는 일은 스스로 위로하며 기운을 북돋아주는 것입니다. 자기접촉 행동은 자신에 대한 가장 근원적이며 본능적인 자기 사랑의 방법입니다. 하지만 자기 위안을 위한 자기접촉 행동이 깊어지고 중독이 되어서 자신의 고립감을 더욱 키워가게 되는 것은 바람직하지 않습니다.
　자기 스스로 어루만지는 행위만으로는 관계에서 얻은 상처의 근원적인 치유를 할 수 없습니다. 자기 안에서 잠시 스스로 자기 돌봄을 한 다음, 자기 밖에서 타인과 자기를 둘러싸고 있는 공동체, 그리고 사회와 관계를 맺어야 합니다.

중독성 있는 자기 접촉행동

자기 위안을 위한 자기접촉 행동에 어떤 것들이 있는지 알고자 하는 것은, 스스로 그러한 상태에 있는 자신을 알아차리거나, 그러한 행동을 하는 주변 사람들에게 손을 내밀어야 하는 신호임을 감지할 수 있기를 바라는 마음에서입니다.

가장 먼저 떠오르는 행동들은 마음의 작용들이 이루어지고 있는 가슴과 밀접한 관련이 있습니다. 가슴이 답답할 때는 손으로 가슴 한가운데를 쿵쿵 주먹으로 칩니다. 놀란 가슴을 달래기 위해서 가슴을 쓸어내립니다. 손바닥으로 괜찮아 하듯이 토닥거리기도 합니다. 손이 몸에서 취약한 부분을 알아서 절로 가는 겁니다.

그리고 누군가에게 안기고 싶다는 마음을 드러내는 행동은 '자기포옹'입니다. 불안하거나 무엇인가 두려움을 느낄 때, 몸을 구부려서 웅크린 채 두 손으로 다리를 감싸 안는 것, 두 손으로 가슴을 가로지르며 양쪽 윗팔을 어루만지며 스스로 껴안는 듯한 행동은 자기 위안을 위한 접촉행동의 대표적인 동작입니다. 아무도 돌보아주는 사람이 없다고 느껴질 때 내가 나를 꼬옥 껴안는 것입니다.

손바닥을 마주하고 비빈다거나, 손가락으로 깍지를 끼거나, 한쪽 손바닥으로 다른 손바닥을 겹쳐 꼭 쥔다거나, 허벅지를 겹쳐서 다리를 꼰다거나, 어깨를 두드린다거나, 머리를 쓸어내린다거나 하는, 몸의 어떤 부분과 다른 부분을 접촉하는 동작은 심리적인 안정감을 가져다줍니다. 또한 곤란한 일이 생기면 머리를 감싸 쥐고, 따분하면 한 손 또는 두 손 모두를 이용해서 손바닥으로 턱을 괴기도 하고, 뺨을 감싸기도 합니다.

자기 손으로 자기의 몸을 두드리거나 주무르게 되는 것은 정서적인 상태와 관련된 그 신체 부분에서 기와 혈의 순환이 제대로 되지 않을 때 무의식중에 나오는 자기보호를 위한 동작입니다. 따라서 위안을 위한 자기 접촉 행동을 하게 될 때, 독백으로 자기 자신에게 말하는 것으로 그치지 말고 큰 에너지(기운)를 가진 누군가—종교적인 숭배의 대상이나 부모님, 존경하는 분—가 내 몸을 돌보아준다는 이미지를 떠올리며 심상법을 활용하면 더 큰 돌봄의 효과를 얻을 수 있습니다.

● ● 돌봄을 위한 접촉 6 ● ●

내 몸에 손얹기

자기 몸에서 아프거나 불편하거나 감각 이상이 있는 곳, 또는 문제가 있는 내장이나 기관이 위치하는 부위에 손을 얹는다. 팔과 다리의 관절 부위, 가슴, 아랫배, 이마 등이 한 손으로 손을 얹으면 좋은 부위. 실제로 돌봄을 위한 손쓰기를 할 때에는 시작부터 끝까지 손얹기만을 할 수도 있고, 쓸어주기나 짚어주기 등 다른 형식과 배합할 수도 있다.

손얹기의 반응
호흡조절과 정신집중이 제대로 되면 손바닥과 몸 사이의 밀착도가 높아지면서 완전히 접합된 것 같은 느낌이 일어난다. 맥박이나 파동 같은 것이 느껴짐과 동시에 손바닥이 빨려 들어가거나 달아오르는 느낌, 근질근질하거나 전기가 통하는 것 같은 느낌이 뚜렷해진다. 통증이 점차로 사라지고 몸과 마음이 느슨해진다.

어깨에 손얹기
한쪽 손을 목과 어깨가 만나는 부위에 등쪽으로 깊이 손이 넘어가도록 해서 가만히 손을 얹는다. 온몸의 긴장을 풀고 손바닥이 목과 어깨가 만나는 부위에 최대한 접촉하도록 한 다음, 접촉 부위에 딱딱하게 뭉쳐져 있거나 긴장되어서 팽팽해진 줄기가 만져지는지 살펴본다. 그런 곳이 있다면 그 부분에 네 손가락을 이완되는 것이 느껴질 때까지 얹는다.
목과 어깨가 만나는 부위에서 편안함을 느꼈다면 어깨마루를 따라 어깨 끝까지 천천히 손을 옮겨 얹는다. 이때 양손의 손바닥을 마주하고 한참 비벼서 따뜻하게 한 다음 손을 얹으면 더욱 효과가 있고, 깊은 호흡으로 들이쉬었다가 내쉬면서 어깨가 끝나는 쪽으로 쓸어주기를 함께 하면 더욱 좋다. 다른 쪽 어깨도 마찬가지 방법으로 해준다.

배에 손얹기

배에 손을 얹을 때에도 먼저 양 손바닥을 마주하고 비벼서 따뜻하게 한 다음 하는 것이 좋다. 한 손으로 배에 손얹기를 할 때에는 오른손(왼손잡이는 왼손) 손바닥을 위 또는 배에서 불편한 부위에 가만히 얹는다.

소화가 잘 안 되어 위가 더부룩하거나 체한 것 같은 느낌이 들 때에는 위가 있는 명치 부위에서 배꼽 쪽을 향해 아래로 쓸어주기를 몇 차례를 한다. 그런 다음 손바닥을 배 부위에 최대한 밀착하게 한 다음 시계방향으로 원을 그리며 쓸어주는데, 처음에는 작은 원을 그리다가 큰 원을 그리듯이 쓸어준다. 배 만져주기는 한 손으로 하는 것보다 양손을 겹쳐서 하는 것이 더욱 좋다.

머리에 손얹기

머리카락이 있는 머리 부분에 양손을 나란히 얹는다. 손바닥의 많은 부분이 접촉하도록 하고 가만히 있다가 천천히 무게를 실어준다. 시원한 느낌이 들면 옆 부위로 옮겨서 같은 방식으로 손을 얹는다. 마무리는 네 손가락을 세워서 빗처럼 만든 다음 머리를 골고루 쓸어 넘긴다. 그런 다음 네 손가락을 세워 관자놀이에서부터 머리 전체를 가만히 짚어주면서 옮겨간다. 머리 부분은 차게 하는 것이 좋으므로 손바닥을 비벼 뜨겁게 해서 머리에 얹는 것은 좋지 않다.

접촉의 이별의식

처음이자 마지막이었던, 접촉

바짝 야위어서 메마른 피부 밑으로 뼈가 만져지는 그의 몸에 손이 닿을 때마다, 나는 간절히 기도하는 마음으로 그곳에 사랑의 탑을 쌓았습니다. 사랑의 손길을 느끼고 알아차리신 듯 고통으로 일그러졌던 얼굴이 곧 편안해졌습니다. 접촉으로 교감하는 하나 된 몸을 통해 마음속의 마음들이 이어져, 말 아닌 말이 마음에서 마음으로 오고 또 갔습니다.

"고마워. 이 서방 덕분에 이 세상 편안하게 떠나네."
"모두 그리워할 겁니다. 사랑합니다."

누군가가 뒤에서 '이제 너무 애쓰지 마세요' 하는 소리가 들렸습니다. 하지만 20년 전, 그분께서 가장 사랑하셨던 아들의 아들이 세 번째 생일을 맞던 날을 택해 돌아가셨던 아버지의 사랑과 오랜 삶의 고통이 생각나 도저히 손길을 멈출 수 없었습니다. 덮어주고 감싸주고 잡아주고 쓸어주고 주물러주고.

이윽고 귓불이 중력에 무게를 맡기고 아래를 향해 축 늘어졌습니다. 목에 걸려 잦게 내쉬던 가쁜 숨소리가 멎었고, '삐이' 하는 신호음과 함께 몸의 여러 부위에 붙어 있던 기계들의 모든 신호들이 한순간에 멈추었습니다. 계기판의 그래프는 가운데에서 죽 이어졌고, 숫자들은 모두 '영'을 가리켰습니다.

'난 누가 내 몸 만지는 거 싫어' 하시던 장인께서 '나 좀 주물러줘' 하시며 중환자실에서부터 내게 몸을 맡겼습니다. 금융인으로 한평생을 지낸 이답게 누군가에게 무엇을 받는다는 것은 반드시 갚아야 할 빚이라고 생각하시던 분이었기에 모두들 의아해했지요. 그렇게 누군가와의 접촉을 싫어하시던 장인께서 세상을 떠나시는 마지막 순간까지 저, 이 서방만을 찾으셨고 제 손을 통해 몸과 마음의 평화를 얻으시며 깊은 잠을 주무시듯 떠나셨습니다.

따뜻한 손길로 환영받고, 배웅받는 인생

모든 사람이 다 똑같지는 않지만 거의 대부분의 사람은 누군가의 따뜻한 손길과 접촉하고 환영받으며 이 세상에 태어납니다. 그리고 누군가의 따뜻한 손길과 접촉하며 위로받고 힘과 용기를 얻으며 세상을 살다가 마침내는 그 손으로 따뜻하게 배웅받으며 저 세상으로 돌아갑니다. 그런 삶이란 축복이 아닐까요. 나 혼자 이 세상에 던져져서 살다가 홀연 떠나가는 게 아니라 누군가와 사랑으로 함께하는 삶을 체험하면서 말입니다. 가까웠던 사람을 앞서 보내드리는 마지막 순간에 나누었던 접촉의 손길은, 그분께 해드릴 수 있었던 나만의 특별한 이별 또는 애도의식과도 같았습니다. 사랑으로 충만했던.

> 저희 아버님 돌아가시기 전에 제일 잘 한 일은…… 아버님 돌아가시던 그날이었어요. 언니들하고 같이 갔는데 우리 아버지를 뒤에서 안아드렸어요. 침대에 누워 계시니까. 저희는 그런 걸 잘 못해요. 무뚝뚝해 가지고. 집안 분위기가. 되게 쑥스러워하는데. 제가 우리 아버지 안아드리고 '아버지 참 예쁘다' 그러고…… 아버지도 그걸 쑥스러워 하지만 참 행복해 하시더라구요. 그날 돌아가셨어요. 그런 게 아버지한테 마지막으로 짧은 시간이었지만 참 기억이 나고, 그렇게 좋을 수가 없었어요.
> [사례3. 3회차]

제 내담자 중의 한 분이 체험했던, 이별의식으로서의 접촉 사례입니다. 임종을 앞둔 이 세상에서 마지막 만남의 그날, 아버지와 딸들은 생전에 하지 못했던 접촉으로 사랑을 전합니다. 그리고 그 시간이 참 의미 있는 시간이었다고 회상합니다. 이 이야기를 들으면서 후회가 담긴 깊은 슬픔 또는 상실의 아픔보다는, 가슴이 훈훈해지는 아름다운 이별 이야기라고 느껴졌습니다.

상실 전에 하는 애도작업

사랑하는 사람을 먼저 저세상으로 떠나보내는 일은 참 견디기 어려운 상실의 아픔을 체험하게 합니다. 사람이 받는 스트레스 목록 중에서도 가장 윗부분에 있는 것이 바로 그것, 사랑하는 사람과의 이별입니다.

병원에서 의사가 사망선고를 한 다음, 망자의 몸을 만져볼 수 있는 기회는 몸을 닦고 수의를 입히는 염습敛襲 때뿐입니다. 염습 때와 관을 땅속에 묻는 하관의식 때 가족들은 망자와 존재의 차원이 갈리게 됨을 실감하며 큰 슬픔을 느끼게 됩니다. 그 뒤에 맞는 애도 기간에도 망자와 마주할 수 있는 일은 사진을 통한 시각적인 접촉이거나 그리워하는 마음으로부터 올라오는 심상과의 접촉입니다.

애도哀悼 라는 말은, 의미 있는 애정 대상을 상실한 후에 따라오는 마음의 평정을 회복하는 정신과정입니다. 애도의 지배적인 기분은 고통입니다. 이러한 기분은 외부 세계에 대한 흥미를 잃게 하고, 상실한 대상에 관한 기억에 몰두하게 하며, 새로운 대상에게 투자할 수 있는 정서적인 능력의 감소로 이어지게 합니다.

시간은 대체로 그 기억의 흔적을 흐릿하게 하며 언젠가는 현실 속의 많은 일들에 묻혀서 잊게 해줍니다. 하지만 애도 과정에 있는 사람은 상실한 대상에 대한 애착을 거두어들일 수 없습니다. 미국정신분석학회 자료에 따르면 애도 작업은 서로 관련된 3개의 연속적인 단계를 거치며, 한 단계에서의 성공은 다음 단계에 영향을 미친다고 합니다.

1. 상실과 상실의 상황을 이해하고 수용하고 대처하는 단계.
2. 상실한 대상에 대한 애착과 동일시를 철회(탈집중)함으로써 적절한 애도를 수행하는 단계.
3. 개인의 성숙 수준에 맞는 정서적 생활로 복귀하며, 흔히 새로운 관계를 형성하는 단계(재집중).

사랑도 있었지만 미움도 있었던, 그리움의 대상. 내가 그 사람의 실체라고 인식하고 있는 그 사람의 몸은 이제 이 세상에 물질로 존재하지 않음을 실감하면서 마음속에는 많은 아쉬움이 남습니다. 살아 있을 때 하지 못했던 말과 행동이 마음속에 남아 내내 나를 불편하게 만듭니다.

이런 애도작업을 삶과 죽음이 갈리기 전에 평화롭게, 더욱 의미 있게 할 수 있었으면 합니다. 사람의 모든 감각 중에서 촉각과 청각은 가장 마지막까지 남아 있다고 합니다. 의식을 잃은 혼수상태에서도 사람은 피부로 느끼고, 귀로 소리를 들을 수 있다는 것이지요. 아직 만질 수 있는 몸이 대상으로 있고, 몸의 자극이, 내가 하고 싶었던 말들이 내 마음이 전달될 수 있을 때 접촉하는 것이 우리가 앞서 할 수 있는 의미 있는 애도작업이 아닐까 생각합니다.

● ● 돌봄을 위한 접촉 7 ● ●

임종 전 이별의식

가톨릭에서 병자성사를 임종 직전에 하듯 해원과 애도작업도 숨이 아직 붙어 있을 때, 체온이 남아 있을 때 하는 것이 바람직하다. 사랑의 대상과 마지막 만남의 순간이라고 생각하고 환자와 마주한다. 의료진의 긴급한 의료행위에 장애가 되지 않는다면 임종 직전 아직 숨이 목에 걸려 있을 때, 혼수상태일 때까지 가능하다. 되도록 병실의 주변 환경이 조용하고, 혼자 마주할 수 있을 때가 좋다.

접촉한다
환자가 불편하다고 하는 부위를 만져준다. 팔과 다리, 그리고 손과 발의 말단들에 기혈순환이 안 되어서 마비되는 느낌이 있다고 호소하면 역동적으로 주물러주고 쓸어준다. 너무 세게 해서 아프게 하지 말고 두드리지 말 것. 그런 다음 환자의 손을 잡고 어루만지거나 호흡에 지장을 주지 않도록 가볍게 안아주면서 귀에 입을 가까이 대고 말을 한다. 청각은 가장 마지막까지 남아 있는 감각. 그리고 손에 대한 촉감은 뇌의 가장 많은 부분에서 인지하기 때문이다.

마음을 전한다
생전에 아쉬웠던 점, 가슴에 맺힌 사건, 섭섭했던 점, 미안함, 용서를 구하고 싶은 일, 감사하고, 자랑스럽고, 아름답게 간직하고 있는 삶의 일화들, 함께해서 행복했던 순간들을 이야기한다.

반복한다
기회가 있다면, 몇 번이라도 반복해서 한다. 슬픔이 올라오면 바닥까지 드러날 때까지 운다. 한의 매듭을 풀어주는 해원의 말, "사랑해요" "그리워할 거예요"라는 사랑의 말은 들어도 또 듣고 싶다.
이제 그 순간을 맞더라도 평온하게 보내드린다. 마음에 맺힌 일들을 다 풀고 사랑만을 가슴에 가득 담고 가시니까.

외로움이란 건강에 독이 된다.

사람들이 공동체와 가족에게서 얻는

친밀감을 잃게 만들기 때문이다.

그리고 이는 오로지 이 시대에만 나타나는 현상이다.

• 미국의 고든 모이에스 Gordon Moyes 박사

6

접촉의 미래
본능적이면서 가장 진보적인

접촉의 축제

전통적인 자연출산

접촉의 미래를 내다보는 마무리 장에서 새로운 출발, 축복받는 기쁨의 출발을 이야기하고자 합니다. 어느 나라든, 어떤 생명이든 마찬가지겠지만 우리나라의 전통에도, 출산은 새로운 생명 탄생을 맞는 성스러운 의례였습니다. 당연히 자연출산이었으므로 분만과정에 다른 사람의 인위적인 개입이나 기계의 도움을 빌리지 않았습니다. 대자연이 이끄는 대로, 몸의 신호에 따라, 가까운 사람들의 오랜 시행착오 과정을 거친 체험적 도움을 바탕으로 아기를 낳았습니다. 산모가 스스로 아기를 능동적으로 낳았고, 출산의 고통을 겪을 때는 가까운 가족들과 이웃들이 산모의 산고를 돌봐주고 분만을 도와주었습니다. 아기는 엄마 뱃속을 벗어나자마자 엄마의 심장소리를 그대로 들을 수 있는 엄마 품에 바로 안겨졌고, 가족들의 사랑과 관심이 가득 담긴 눈길을 받았습니다.

그리고 아기가 태어난 집 대문 기둥에는 '금줄'을 쳐서 21일 동안

마을 사람과 외부 사람들이 성스러운 산고에 접근해서 아이와 산모에게 해를 끼치지 않도록 막았습니다. 스물 하고도 하루라는 이 기간 동안 엄마의 곁에 바짝 붙어 지냈습니다.

아기는 엄마 품에 안겨 뱃속에서부터 익숙한 엄마의 심장박동소리를 들으며 젖을 먹어 배불리고, 엄마의 부드러운 목소리를 들으며 잠을 잡니다. 아직 낯선 세상이지만 아기는 엄마와 한 순간도 강제로 분리되지 않은 채 새로운 세상을 그다지 낯설지 않게 체험합니다. 그렇게 온전한 돌봄 속에 쑥쑥 크면서 스물 하루를 지나 백일을 맞으면 새로운 생명은 지역 공동체 많은 이웃들의 축하를 받습니다.

그리고 대가족이었던 집안 식구들이 잇따라 내미는 손길을 통해 사랑이 가득 담긴 살가운 접촉을 체험합니다. 새로운 생명의 탄생은 불과 수십 년 전만 해도 가족과 이웃들의 공동체가 함께 즐기고 만들어 갔던 '접촉의 축제'와도 같았습니다.

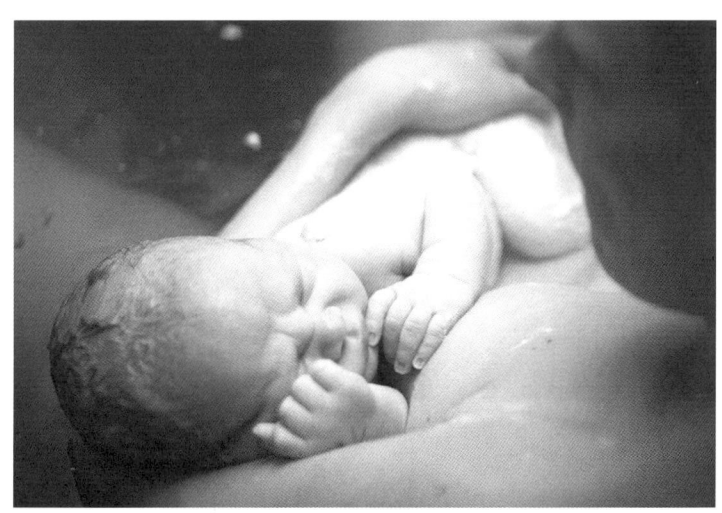

자연으로 돌아가자

몇 차례 큰 전쟁을 거치면서 인류의 의학기술과 약물 수준은 비약적인 발전을 거듭하고 있고, 임신과 출산과정에서도 많은 변화가 생겼습니다. 우리 조상들로부터 이어져 내려오던 전통적인 방식으로 자연분만을 하는 산모의 모습은 요즘 거의 찾기 어려울 정도로 줄었습니다. 산모들은 이제 출산을 위해 안락한 자기 집 대신 병원을 찾아갑니다. 새로운 생명을 맞는 출산과 생애 초기의 아기 돌봄 과정은 우리가 가족과 이웃 공동체의 환영을 받으며 치렀던 '접촉의 축제'가 아니라, 산모와 태아를 빨리 분리시키기 위해 '아기를 밖으로 빼내는' 일종의 의학적인 처치가 되지 않았나 생각됩니다.

그런 처치를 통해, 잘 알고 있는 바와 같이, 그동안 신생아들의 생명을 위협하던 병균으로 인한 감염과 신체적으로 타고난 문제요인들로부터 벗어날 수 있게 되었습니다. 덕분에 새로 탄생하는 아기들의 생존율은 부쩍 높아졌습니다. 하지만 기계적인 도구와 약물의 도움을 받으며 인위적으로 출산하게 되는 병원에서의 분만현장은 여성들에게는 두려움의 대상이 되어버렸다고 생각합니다. 우리나라 산부인과 의사인 한 분은 "병원에서 사용하던 많은 장비를 쓸 수 없는 환경에서 출산에 대해 가장 큰 두려움을 느끼는 사람은 산모가 아니라 바로 산부인과 의사라는 사실을 깨달았다"라고 말합니다.

우리나라에서 출산율이 급격하게 낮아지고 있습니다. 여러 가지 이유가 있겠지만, 인위적인 출산 경험은 아이들이 예전에는 없었거나 드물었던 이상상태, 예를 들면 자폐증, 아토피, 자살 등의 체험을 하게 한다는 연구결과들이 있습니다.

아이를 건강한 사회인으로서 제 몫을 하도록 성장시키는 일이 너무 힘에 버겁다는 소리가 나오고 있는 요즘입니다. 이러한 때에 인공적인 분만을 도입했던 서구사회로부터 자연출산에 대한 관심이 높아지고 있고, 임신과 출산에서부터 자연으로 돌아가자는 목소리가 다시 나오고 있습니다.

출산의 주체를 산모와 아기에게 돌려주어야 한다는 정신을 다시 살려낸 이는 현대 자연주의 출산의 스승이라고 불리는, 프랑스 산부인과 의사 미셸 오당 Michael Odent 입니다. 미셸 오당은 그의 책《세상에서 가장 편안하고 자연스러운 출산 Birth Reborn》에서 의사의 역할을 최소화하고 출산을 다시 산모와 아기에게 돌려주어야 한다고 주장합니다. 그의 자유주의 분만법의 메시지는 한 마디로 '여성이 아기를 낳도록 놓아두고 산모가 원하는 대로, 자유롭게 움직일 수 있게 하라'는 것입니다.

"자연스러운 출산은, 아이의 탄생을 넘어 가정의 회복과 인류애의 궁극적인 완성입니다."

병원 분만의 사회적인 분위기에서 1930년대부터 문제를 제기한 최초의 의사였던 그랜틀리 딕 리드 Grantley Dick-Read 박사의 말입니다.

우리나라에서도 산모의 힘으로 아이를 낳고 자연스럽게 분리되는 접촉 지향의 자연주의 출산에 대해서 관심이 높아졌나봅니다. SBS 스페셜에선 〈아기, 어떻게 낳을까?: 자연주의 출산이야기〉가 방영되고 이런 주제와 관련된 출판물도 잇달아 나오고 있는 것을 보면 분명 새로운 시대를 반영하는 희망적인 모습이 아닐 수 없습니다.

접촉, 오래된 미래

접촉놀이로 마음을 표현하다

누나가 결혼했습니다. 물론 아주 오래 전 일입니다. 우리 집안에 아기가 처음 생겼습니다. 얼마나 귀여웠는지요. 게다가 딸이 귀한 집안이라 유일한 여자 조카입니다. 대학 때 처음으로 한 아르바이트는 베이비시터였습니다. 우리 조카 영지 돌보기였지요. 교사였던 누나가 아기를 돌보는 데 여간 어려웠던 시절이 아니었습니다.

조카 영지가 외가댁인 우리 집에 와 있는 동안 혼자 집을 나가 '동네 방랑'을 한 적이 있습니다. 어디 갔지 하고 집안 식구들이 찾아 나서려고 하는데 파출소에서 전화가 걸려왔습니다. 조카가 교통사고가 나서 병원에 있다더군요. 눈앞이 하얘졌습니다. 먼저 아이 엄마인 누나에게 전화해서 빨리 오라고 했습니다. 병원에 도착했는데 다행히 생명에는 문제가 없었지만 발에 큰 상처가 났습니다. 엄마가 숨이 턱에 차서 병원에 뛰어 들어왔습니다. 그런데 조카 영지가 갑자기 엄마 팔 끝을 잡고 노래를 부르기 시작했습니다.

"미, 미, 미안해요. 나도 모르게 손이 올라가요."

자벌레처럼 팔목에서 꿈틀꿈틀 올라가며 겨드랑이에 닿으면 간지럼을 태워 웃게 만드는, 그때 영지가 즐겨했던 놀이였습니다. 자신의 놀람과 아픔은 뒤로한 채 엄마에게 미안한 마음을 아이는 그렇게 접촉 놀이로 표현했습니다. 아이 엄마는 그런 아이를 꼬옥 끌어안고 웃으면서 또 울었습니다. 간지럼 때문이 아니라 잘 돌봐주지 못해서 미안한 엄마의 아픈 마음 때문이었을 겁니다.

조카 영지가 벌써 서른 살이 훌쩍 넘었군요. 접촉놀이를 좋아했던 영지의 손에도 여느 젊은이들처럼 핸드폰이 들려 있습니다. 영지에게 만약 지금 그런 일이 생긴다면, 요즘 같은 접촉이 아니라 접속의 시대에는 아마도 정서상태를 표현하는 이미지, 이모티콘이 대신하지 않을까 그런 생각을 해봅니다.

어린 시절의 접촉경험, 보물 같은

●

숨래잡기 고무줄 놀이
말뚝박기 망까기 말타기
놀다보면 하루는 너무나 짧아

아침에 눈뜨면 마을 앞 공터에 모여
매일 만나는 그 친구들
비싸고 멋진 장난감 하나 없어도

하루 종일 재미있었어

좁은 골목길 나지막한 뒷산 언덕도
매일 새로운 그 놀이터
개울에 빠져 하나뿐인 옷을 버려도
깔깔대며 서로 웃었지

어색한 표정에 단체사진 속에는
잊지 못할 내 어린 날 보물들

자전거 탄 풍경의 노래, 〈보물〉 중 일부입니다. 돌아보면, 어린 시절 우리의 생활과 놀이들은 대부분 '접촉'의 형태였습니다. 어부바 하면 엄마 등 뒤에 올라가 포대기로 감싸인 채 세상구경을 다녔고, 엄마의 무릎을 베고 귀청소를 할 때의 그 간지럽지만 시원함이 좋았습니다. 엄마도 흰머리 뽑아라 하시면서 누우셨습니다. '엄마손은 약손' 하면서 만져주시면 아팠다가도 한잠 푹 자고나면 가뿐해지곤 했습니다.

엄마가 돌보지 못할 때에는 형제들끼리, 이웃 또래 개구쟁이 친구들끼리 모여 간질임 태우며 키득거리고, 종이나 자연에서 얻은 소품들로 소꿉놀이를 하며 대화를 나누고, 등이나 손바닥에 글자를 써서 알아맞히기를 하고, 손목 때리기 한다며 은근히 좋아하던 아이의 손도 만지고, 여름밤엔 불을 꺼놓고 이불 속에 모여 돌아가며 귀신이야기를 하면서 비명을 지르고 부둥켜안곤 했습니다.

봄 여름 가을 겨울 계절의 구별 없이 자연은 우리의 놀이터였고, 집

과 골목길은 누구로부터의 위협도 없었던 안전지대였습니다. 집이 나의 '본부'였던 그때가 있었습니다. 그 모든 것들이 요즘 심리치료 중 하나인 놀이치료였고, 미래의 비전을 공유할 수 있었던 의미 있는 시간들이었습니다.

우리 아이들도 서로 마주보며 피부와 피부가 맞닿는 접촉을 놀이 안에서 부족함 없이 주고받으며 자랄 수 있기를 바랍니다. 가정 안에서 시작하지만 이웃 또래들과 함께 어울리면서 말입니다. 아름다운 접촉의 추억 만들기가 필요합니다.

울타리 안에선 정이 깊다

얼마 전까지만 해도 한국 사람들은 누군가에 대한 사랑의 감정이

가슴에 가득하더라도 '난 너를 사랑해' 하고 말로 즉각 표현하지 않았습니다. 바로 반응을 확인하지 못해서 속으로는 애가 타더라도 한 꺼풀 가리워진 마음 안을 짐작으로 헤아려보았습니다. 오고가는 편지 안에서, 서로 스치며 닿는 몸짓에서 그 접촉의 순간에 번개처럼 불꽃처럼 반짝이는 무엇인가로 그 감정을 감지해냈습니다.

한옥의 방은 밀폐되어 외부와 차단되어 있지 않습니다. 뿌연 창호로 가리워져 있지만 그 경계는 엄격하지 않아서 그 안에 머물고 있는 사람의 동정은 느낌으로 알아차릴 수 있었습니다. 문을 활짝 열고 그 안을 들여다보아서 상태를 확실하게 알아내야 하는 것이 아니라 짐작으로 그러려니 하는 겁니다. 굳이 말하지 않아도 이웃의 속사정까지 알고 있으니 어려우면 은근히 도와주고, 함께 보듬어주었으며, 좋은 일이나 고통스러운 일을 혼자 견디게 내버려두질 않고 나누었습니다. 그것이 우리만의 두레정신이고, 함께 무릎을 맞대고 먹는 두레밥상으로, 온 마을 사람들이 함께 하는 잔치로 이어졌습니다.

이동이 많지 않아 오랜 세월 한 고장에 머물면서 대물림해 살아오던 우리 선조들은 동네 사람들과 인사할 때도 밥 먹었나, 어디 가노, 어른 잘 계시나, 하는 지극히 사적인 내용을 스스럼없이 나누었습니다. 그처럼 우리 몸의 모든 감각을 동원해서 '연결'되어 있는 상태로 누군가와 접촉이 이루어지고 있었던 것입니다.

요즘처럼 서구적으로 도시화된 아파트 단지 안에서 낯선 사람들과 그런 사적인 대화를 나누기는 어렵지만, 아직도 낯익은 이웃들과 직장 동료들과는 그런 내용의 인사들이 오고갑니다.

기계와 공존사회에 대한 바람

이제 기계기술의 발전이 인간의 감성과 감각을 도입해서 인간과 닮아가고 있고 인간을 기계와 더욱 가까워질 수 있게 해주고 있습니다. 그러나 많은 우려가 있습니다. 인간은 앞으로 편리하고 똑똑한 기계에 더 많이 의존하게 될 것이고, 더 많이 접촉하면서 더 많은 시간을 기계와 함께 보내게 될 것입니다. 온라인 세상에서 접속되어 있다는 느낌은 갖게 되고 정보는 실시간으로 공유할 수 있겠지만, 사람과 사람 사이는 더욱 멀어지게 되고 사람과 사람 사이의 접촉의 기회는 더욱 줄어들게 되지 않을까 염려됩니다.

이러한 접촉 결핍, 접촉 부재의 환경은 정작 인간에게는 도움을 주는 것이 아니라 위협을 주는 요인입니다. 기계의 도움 없이는 생각할 줄 모르고, 기억하지도 않으려 하고, 관계를 가지려고도, 움직이려고도, 만지려고도 하지 않는 미래 사회의 사람들은 과연 어떤 모습으로 바뀌어 있을지 가늠하기 어렵습니다.

저도 그렇지만, 이즈음 우리 주변에는 인간이 살아가야 할 지구환경의 한정된 자원을 생각하며 자연과 함께하고 덜 소모적인 낮은 엔트로피entropy의 삶을 살아야 한다는 데에 공감하는 사람들이 늘고 있습니다. 이런 맥락에서 기계와 멀리하고 자연 속에서 함께 하면서 인간성을 회복해야 한다는 주의와 주장의 목소리도 당연히 높아질 것입니다. 사람이 사람답게 살 수 있게 만드는 것은 사람과 사람 사이의 관계와 공감이니까요.

하지만 기계와 공존할 수밖에 없는 현실이라는 것을 잘 압니다. 저 또한 소셜네트워크SNS를 통해 온라인으로 연결되어 있음을 날마다 느끼며 살고 있으니까요. 그렇다면 바람이 있습니다. 기계를 부득이하게 사용해야 한다면 그것이 우리 인간이 서로에게 더욱 가까이 다가갈 수 있는 방편이 될 수 있기를 바랍니다. 접촉의 결핍, 접촉의 부재의 사회에 보완적인 기능을 해서 사람이 살맛나는 세상이 될 수 있었으면 하는 것입니다.

이것은 똑똑한 기계에게 바라는 것이 아니라 기계를 만들어내는 똑똑한 사람들에게 바라는 바입니다. 기계와 공존하는 것이지 기계에 이끌려 살아가지 않는 인간의 의지를 기대합니다. 인간의 삶의 질을 높여주는 새로운 접촉문화로서의 기계문명을 기대합니다.

손길 되살림

Hand made, 손맛

접촉의 도구인 사람의 손은, 입으로 전하는 말 대신 마음의 진실을 전하는 손이고, 창조하면서 끊임없이 진화하는 인간을 상징하는 손입니다. 따라서 손은 인간의 또 다른 두뇌라고도 불립니다. 뇌는 손의 감각과 운동 능력을 연결해 손을 더욱 잘 사용하도록 기능합니다.

인간의 진화와 지능을 이야기할 때 손을 빼놓을 수 없듯이, 사람의 삶은 바로 손의 역사입니다. 그래서 손에는 수많은 이야기들이 담겨 있습니다. 우리는 손으로 많은 일을 합니다. 과학적 사회주의 창시자인 엥겔스 Friedrich Engels 는 '손의 노동이 언어와 함께 뇌를 발달시켜서 사람을 사람답게 했다'고 말합니다.

내 손만을 움직여 개별적으로 하는 손의 작업, 손의 행위도 그 나름의 소중한 가치를 갖지만 누군가와 함께 잡는 손과 손은 세상의 바깥 테두리를 더욱 넓게 확장시켜줍니다. '손의 외과학'의 체계를 세운 S. 바넬은 손의 인간적 의의를 강조합니다.

우리들의 뇌에는 손으로 느끼고, 손을 이용해서 구축하고 발달시킨 사물이나 행동의 기억과 개념이 집적되어 있다.

손은 쓰면 쓸수록 더 잘 쓰게 되고, 어떤 것이든 장인의 연륜이 오래될수록 사람의 생활에 더욱 쓸모 있고, 몸에 잘 맞아 편하고, 더욱 맛있게 되는 모양입니다. 그 사이에 얼마나 많은 시행착오를 거쳤을까요. 얼마나 많은 사람들의 품평을 반영했을까요. 그래서 정성을 담아 손으로 만든 것에선 만든 사람의 솜씨와 함께 마음이 전해옵니다.

웰빙, 로하스, 힐링

급속한 산업화와 소득수준 향상으로 브랜드의 유명도에 이끌려 다니던 소비자들이 많이 바뀌어가고 있습니다. 경제가 어려운 요즘 소득수준의 격차가 점점 더 벌어지고 있으니 생활에서도 큰 차이가 있기는 합니다. 그럼에도 이즈음 사람들의 삶에 대한 의식과 라이프스타일, 소비패턴을 이끌고 가는 주된 맥락과 흐름은 웰빙과 로하스, 그리고 '힐링'입니다. 얼마 전까지만 해도 모두 낯선 외래어였지만 요즘은 매스미디어를 비롯해서 일상에서 아예 습관적으로 쓰는 관용어가 되어버렸습니다. 우리 모두 몸과 마음에 치유받아야 할 병과 상처가 있다는 걸까요. 그보다는 이제 자신을 돌아보면서 그러한 문제를 인식하고 사회적으로 공유하고 있다는 의미입니다. 잘 산다는 것이 이제는 양의 수준보다는 질의 수준에 달려 있다는 것이겠지요.

이런 유행처럼 고조되고 있는 분위기는 분명 시대적인 위기감과 맞물려 있습니다. 우리가 쓸 수 있는 지구자원은 고갈되어가고 있고, 우리 삶을 둘러싸고 있는 환경의 극심한 오염, 견디기 어려워지는 기후변화, 게다가 우리가 먹고사는 문제와 직결되어 있는 식품 생산판매업자들의 비윤리적인 상혼 등등 이 모든 것들이 사람들의 삶을 심각하게 위협하고 있으니까요. 자동차의 튜닝, 성형수술과 같은 외형적인 멋내기의 대유행과는 다른, 우리의 생존과 관련된 차원의 이야기입니다.

그래서인지 이전부터 기본적으로 구매행동의 배경에 있어왔지만, 요즘 사람들은 더욱 '믿을 수 있는'이란 항목을 우선순위에 두는 경향이 있습니다. 맞춤으로 기계화되어 번듯하게 똑같이 만들어져 나오는 의식주의 모든 생활용품들에 식상해져 손으로 만든 것, '수제手製'를 찾는 사람들이 늘고 있는 이유도 바로 '믿을 수 있는' 것을 찾고자 하는 마음 때문입니다.

믿을 수 있는 사람의 손으로 만든, 사람의 정성이 깃든 것에 더 큰 가치를 부여하는 것은 인간의 근원적이고 본능적인 바람과 맞닿아 있다고 생각합니다. 그것이 생존을 위한 최선의 선택이기 때문입니다. 믿음과 정성, 그리고 사람의 손맛이 이 시대의 키워드가 되었군요.

진심이 담긴 손길

거짓이 없는 참된 마음이 진심眞心입니다. 말이 아닌 말로서의 몸짓에 진실된 참 마음이 있습니다. 그래서 우리는 무심코 내미는 손길에서 마음을 읽습니다. 우리 삶에서 진심의 손길, 사람의 정이 담긴 손길이 오고 또 갈 수 있기를 바라는 마음입니다. 그래야 안 그래도 살기에 팍팍한 우리 삶에서 스트레스가 줄고, 삶의 현장에서 체감하는 피로도가 한결 낮아지겠지요.

첫 직장이던 잡지사의 사장은 그 무렵 방송진행자로 유명했던 분입니다. 그분은 회사가 부도나기 이전까지, 신년하례식이 있는 날이면 새벽에 가장 먼저 회사에 출근해 문 앞에 서서 출근하는 직원들의 손을 한 명씩 잡고 잘해봅시다, 하고 인사를 건넸습니다. 쇼맨십 강하던 그분의 이벤트일 뿐이라고 말하는 사람도 있었지만 그 손에는 용기와 자신감이 담겨 있었습니다. 그 손에서 느껴지던 그때 그 느낌은 진실이었습니다. 그 진실된 손은 저를 감동시켰고 오래도록 제 마음에 여운으로 남아 있었습니다.

그 때문에 한번 퇴직하고 나갔던 그 회사에 다시 부장으로 재입사를 했고, 부도 난 뒤에도 월급을 받지 못한 채 몇 달을 더 다녔습니다. 사장의 진심어린 그때 그 손길이 마음을 부여잡으며 내가 진정으로 사랑하는 '내 회사'라고 생각하게 했습니다.

청춘의 그 시절, 어렵고 힘든 시절이었지만 진심이 담긴 손길과 사랑이 깃든 접촉이 남긴 긴 여운의 울림은 '그래도 그땐 행복했었다'라고 전하고 있습니다.

접촉의 질감

손글씨의 복권

손글씨를 쓸 수밖에 없었던 때에는 으레 자기에게 잘 길들여진 만년필 하나씩 가지고 있었습니다. 잉크를 채워 넣으면 마치 내 배가 불러진 듯 포만감이 느껴지던, 포동포동 살찐 모양의 만년필에 대한 아련한 추억들이 문뜩 떠오르는군요.

키보드 자판을 두드려서 컴퓨터에 글자를 입력시키는 행위가 보편화된 디지털 전성시대인 이즈음에 아날로그적인 회귀와도 같이 손글씨 쓰기가 다시 살아나고 있습니다. 손글씨가 쓰이는 대상인 바탕매체는 훨씬 다양해졌습니다. 종이뿐만 아니라 이제는 스마트폰 같은 첨단전자매체에서도 빠뜨릴 수 없는 필수 어플리케이션이 되었습니다. 그리고 직접 손으로 쓴 아름답고 개성 있는 '캘리그라피 Calligraphy'라는 글씨체는 감성을 자극하는 영화포스터와 같이 대중과의 접점인 광고홍보 매체들에서도 쉽게 만날 수 있으니 말입니다.

아무튼 세월이 흐르면서 손을 사용하여 글을 쓰는 행위가 이제는

　종이만의 독점물이 아닌 것은 분명한 듯합니다. 펜과 붓으로 하나가 된 손이 아무것으로도 채워지지 않았던 종이 또는 다른 매체 위에 올려지면서 서로의 접촉에 화답하듯 상호작용하며 글이 채워지는 장면은 저마다 한 폭의 아름다운 예술작품입니다. 생각의 실타래가 잘 풀리듯 잘 짜여진 문장이 술술 이어지면 펜을 잡은 손은 마치 춤을 추듯 종이 위를 율동적으로 움직여 갑니다. 단숨에 써내려가며 내달리다가, 느린 걸음으로 걷듯 또박또박 한 자씩 써내려갑니다. 위에서 아래로 옆으로, 길고 짧은 직선으로 달리고 꺾이고, 어루만지듯 은근한 곡선으로 회전하고, 문장부호들로 장식하면서 오직 자기만의 모양새를 갖춘 글씨에 획(劃)을 긋는 행위는 오로지 자신만의 것입니다.
　손글씨의 조용한 부활, 무엇을 의미할까요? 먼저 우리가 누리고 있는 디지털 세계는 창조적 변화를 끊임없이 추구하고자 하는 인간의 요구를 담아주지 못하고 있다는 것, 그리고 인간에게는 다양한 감성을 감각적으로 표현해 냄으로써 정서적 충족감을 얻으려는 바람이 있다는 것입니다. 편리함에 익숙해져 일상화된 컴퓨터 워드에는 손글씨를 통한 인간의 정서충족 요구를 대신할 수 없는 근원적인 결핍이 있습니다. 그런 까닭에 기계적인 활자 입력 행위를 벗어나고 싶다는 요구는 문명 저항운동이며 인간성 회복운동이 아닐까 생각합니다.

인간정신은 디지털에 종속되지 않는다

세계적인 IT업체가 몰려 있다는 실리콘밸리 지역 학교에서는 디지털 전자기기의 사용을 최소화하고 있다고 합니다. '전자매체는 단기간에 배울 수 있기 때문에 굳이 어려서부터 접할 필요가 없다. 아이들이 지금 배워야 할 것은 아날로그적인 일기와 쓰기이다'라고 그 지역 교육자들은 말합니다. 교실을 디지털화하고 있는 우리나라 교육과는 사뭇 다른, 전체적인 안목으로 앞을 내다보면서 참교육을 실현하고 있는 것이 아닐까요. 물론 우리나라에도 이처럼 뚜렷한 주관을 가지고 교육을 하고 있는 대안적인 학교들이 많이 있다고 알고 있습니다.

손으로 글쓰기는 사람의 생각이라는 정신작용과 손의 율동이라는 신체작용이 하나로 어우러진, 인간만이 할 수 있는 대표적인 문화행동입니다. 손으로 글을 쓰면서 매체 위에서 점을 찍고 획을 그을 때마다 생각과 손의 율동은 하나의 접점에서 서로 접촉하며 하나로 이어집니다. 이를 통해서 손으로 쓰여진 글에는 생명의 숨결이 불어넣어져 인간다움이란 정체성이 부여됩니다. 글을 쓰는 사람의 마음상태가 온전하게 담깁니다. 《오감재생五感再生》이란 책을 낸 일본인 야마시타

유미 山下裕美는 "쓰는 이의 감각을 담아 쓴 필법이 읽는 이의 신체 감각을 자극하는 기호로서의 문자"인 손글씨에서 '질감'을 이야기합니다.

손글씨는 손과 두뇌와 마음이 함께 움직여 기억력과 창의력을 높여준다고 합니다. 종이 위에 손글씨를 쓰는 소리와 바르게 글을 쓰려고 정성을 들이는 손의 감각은 마음을 평온하게 해줍니다. 그리고 글쓰기와 관련된 전체 장면을 연상시켜주는 맥락을 제공하면서 기억을 자극하고, 글을 쓰면서 문장을 곱씹는 과정이 마음속 감성을 불러일으키며, 대뇌활동을 활발하게 해줍니다. 몸을 직접 움직이면서 체험하는 감각적인 행위를 통해 인성을 계발합니다. 단어와 문장, 글 전체 속에서 만나게 되는 통찰을 통해 나와 내 주변을 변화시킬 수 있는 지식을 쌓습니다. 따라서 손글씨 쓰기는 아이들에게는 학습능력을 향상시켜주는 방법이며, 결코 잊어서는 안 될 중요한 지적 훈련입니다.

디지털 시대 만년필의 귀환

터치스크린과 이메일 시대에 만년필 매출이 상승하고 있다고 하는군요. 손글씨 도구인 만년필이 구시대의 유물로 사라지지 않고 디지털 시대에 차별화된 개성 표현으로 각광받고 있다는 것입니다.

대표적인 만년필 브랜드 파커는 지난 5년간 꾸준히 매출 회복세를 보였다. 라미 만년필도 지난해 5퍼센트 이상 매출이 늘어났다. 올해 아마존(온라인판매점)에서 팔린 만년필은 2011년 같은 기간에 비해 두 배로 늘었다. 2010년에 비해선 네 배다. 1960년대 볼펜 등장 이후 대중적

필기구로선 밀려난 게 전화위복이 됐다.[44]

문서작업을 할 때 컴퓨터로 타이핑을 하는 것이 보편화되면서 '쓰기'가 개인화되었습니다. 손글씨로 쓴 편지, 문서 말미의 개인 서명은 만년필로 해서 '중요함'의 의미부여를 하고 있는 것입니다.

마음속에, 쓰는 이의 지금-여기에서의 상태를 그대로 간직하고 있는, 손글씨로 쓰여진 쪽지나 편지를 받아보았던 기억을 간직하고 있는 분들은 아마도 공감하실 수 있을 겁니다. 요즘 느낌과 문법을 무시하고 이모티콘으로 화려하게 장식된 문자 메시지보다 손글씨로 정성껏 써내려간 편지 한 장이 사람의 마음을 얼마나 감동시켜 움직이는지 말입니다.

손글씨의 조용한 부활을 바라보면서 인간 정신은 결코 디지털에 종속되지 않을 것이란 확신이 듭니다.

살맛나는 세상

초밥집 알바생 엄지공주의 쪽지 한 장

"저기요."

에스컬레이터를 타고 내려가려고 하는데 음식점 임시 종업원이 달려오면서 나를 불렀습니다. 계산이 잘못되었나 싶어 고개를 돌려 바라보니 그 아르바이트 학생이 수줍은 얼굴로 단정하게 꺾어 접은 쪽지를 내밀며 이렇게 말합니다.

"오늘 감사했어요. 제가 쓴 쪽지거든요. 읽어보세요."

그 말을 마치곤 바로 등을 보이며 음식점으로 달려가더군요. 이건 무슨 시추에이션? 부부들이 함께 있는 자리에서 젊은 미모의 여성이 쪽지를 내미니 조금 당혹스런 마음에 차에 오르기 전 모두가 있는 자리에서 펼쳐보았습니다.

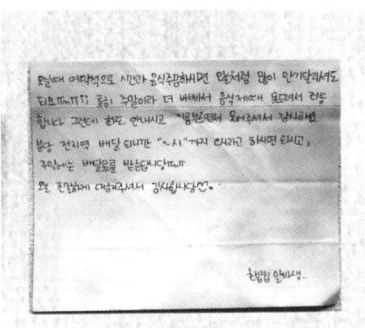

"이름을 부르며 웃어주셔서 감사해요. 오늘 친절하게 대해주셔서 감사합니당."

함박웃음 이모티콘을 그려넣으며 마무리한 이 쪽지를 돌려보며 다들 입이 벌어졌습니다. 손님의 친절함에 감사하다는 이 알바생의 피드백에 가슴이 뭉클해져오더군요. 주인도 아닌 이 젊은 알바생의 행동이 고객의 마음을 이렇게 감동시킬 수 있다니!

내용은 이랬습니다. 가까운 가족들끼리의 저녁모임을 단골로 다니는 생선초밥집에서 가졌습니다. 주말인 데다 조금 늦은 시간에 예약없이 가니 주문이 밀렸는지 주문한 회가 꽤 늦게 나왔지요. 식당 안은 손님들이 꽉 차고 테이블에 음식 나르랴 주문받으랴 여러 종업원들이 뛰어다녔습니다.

그 사이에 이 알바생이 에피타이저로 굴과 생선조림을 가지고 왔습니다. 하얀 스웨터를 입고 뽀얀 얼굴에 누가 보더라도 초보 알바생임이 틀림없는, 아들 또래의 학생 같아보였습니다. 열심히 일하는 모습이 보기 좋다는 생각을 잠깐 하는 동안, 매니저가 그 알바생을 부르는 소리가 들리더군요. 나는 '검지'라고 들었습니다. 검지? 왜 엄지가 아니고 검지라고 했을까 궁금하기도 하고 재미있다는 생각이 들더군요. 그래서 그 알바생이 가까이 오자 "검지 씨" 하고 부르며 "굴 좀 더 갖다줄 수 있어요?" 했습니다. 굴은 다 떨어져서 없고 생선조림을 더 갖다드리겠다고 하더군요.

다시 온 그 검지 씨에게 "이름이 참 재미있고 좋아요, 언니가 엄지인가요?" 하고 웃으며 물었습니다. 그랬더니 "아니요. 제 이름이 엄지예요" 하더군요. 그렇게 얼핏 들은 이름 때문에 내가 관심을 가지고 이름을 불러주고, 웃어주고, 말을 건네준 것이 그 알바생 엄지 양의 기분을 좋게 만들었던 모양이었습니다. 그건 아직 익숙하지 않은 일터에서 뜻밖에 맞게 된, 따뜻한 마음을 가진 고객의 호의好意와 따뜻한 접촉 체험이었을까요.

호의로 연결된 두 사람이 서로 공감하며 기분 좋게 미소 지을 수 있게 해주었던, '상생의 커뮤니케이션'이었습니다. 감동어린 '엄지공주'의 쪽지 에피소드는 제게 흐뭇한 기억으로 남아 있습니다.

호의, 그리고 배려

친절한 마음씨, 또는 좋게 생각하여 주는 마음을 뜻하는 호의란 말은 남을 위해 생각하는 마음인 선의善意와 같은 맥락에서 쓰입니다. 이러한 호의 또는 선의는 나로부터 누군가에게 전달됨으로써 가치가 있습니다. 호의의 전달은 호의의 반응을 가져옵니다. 우리 사회의 구성원인 개인들이 호의를 바탕으로 하는 커뮤니케이션을 할 수 있다면 우리 삶에는 흐뭇한 시간이 더욱 많아지리라 생각됩니다.

미국의 심리학자 대커 켈트너Dacher Keltner는 다음과 같은 연구결과를 발표했습니다. 연민과 사랑, 감사를 전하는 일차적인 언어는 신체 접촉이라고 말입니다. 또한 이 세 가지 감정이야말로 신뢰와 협동의 한가운데 자리 잡고 있다고 합니다. 그의 책 《선의 탄생Born to be Good》에서 그는 개인이 다른 개인에게 선한 의지를 전할 수 있는 가장 이상적인 매체는 바로 '촉각'이라고 합니다. '적절한 경우'에 피부를 손으로 어루만지는 행위는 개인의 선의를 다른 사람에게 전달하고, 공동체 집단이 남을 사랑하고 어질게 행동하는 데 더 많은 관심을 가지고 실행하는 것을 돕는다는 겁니다.

> 신체 접촉은 상대의 몸속에 생화학 반응을 일으켜, 안와전두피질을 활성화하고, 편도체를 불활성화하며, 스트레스와 관련된 심혈관 반응을 줄이고, 옥시토신 같은 신경화학물질을 증가시킨다. 이러한 반응은 모두 개인 간에 신뢰와 선한 의지를 촉진한다.[45]

이처럼 신체 접촉과 신뢰는 늘 함께 붙어 다니기 때문에 세계 대부분의 인사의식이 접촉의 형태로 되어 있는가 봅니다. 다른 사람에게 호의를 전하는 행위는 받는 사람의 마음에 긍정적인 변화를 가져옵니다. 호의를 주고받음에 있어서 받는 행위보다는 주는 행위가 자기 이익을 증대시킨다고 합니다. 여기서 '자기 이익'이란 말이 거슬리기는 하지만, 이는 받을 것을 기대하지 않고 주는 사람이 더 기분이 좋고, 더 행복감을 느낀다는 말입니다.

호의를 다른 사람에게 베풀고 다른 사람과 함께하면 뇌의 보상중추가 활성화되어 행복감을 느낀다는 것이 과학적으로 밝혀졌습니다. 쾌락과 행복감에 관련된 감정을 느끼게 해주는, 신경전달물질과 호르몬으로 이용되는 물질인 도파민 수용체가 밀집해 있는 뇌의 영역, 측중격핵Accumbens Nucleus[46]이 그 역할을 하는 기관입니다.

> 만약 당신이 남들에게 부정적인 감정을 품으면서도 남들은 당신에게 호의적으로 굴었으면 하고 기대한다면 당신은 논리적이지 못합니다. 주변 사람들의 분위기가 좀 더 호의적이길 바란다면, 당신이 먼저 그런 기초를 마련해야 하는 것입니다. 타인들의 반응이 긍정적이든 부정적이든, 당신이 먼저 호의의 기반을 만들어야 합니다. 이렇게 했는데도 남들이 여전히 당신에게 부정적으로 반응한다면, 그때 비로소 당신에겐 그런 반응에 맞추어 행동할 권리가 생기게 됩니다.[47]

이는 달라이 라마가 한 말입니다. 세상이 아무리 험하고 흉흉한 소식이 여기저기서 많이 들리지만 우리 주변에는 타인과 어려운 이웃에 대한 배려가 유독 남다르고 항상 남에게 호의를 베푸는 사람들이 있습니다. 세상을 더욱 살맛나게 만들어 주는 사람들입니다.

상대를 배려해주는 마음씨, 호의는 분명 험한 세상에 다리가 되어 줄 수 있습니다. 또한 거친 세상을 매끄럽게 하는 윤활유 역할도 해줄 수 있으리라 믿습니다. 하지만 자칫 잘못하면 오히려 지나친 호의는 악의로 받아들여지거나, 당연한 권리라고 받아들여질 수도 있으므로 상황을 잘 파악해야 합니다. 얼마 전에 상영된 우리 영화 〈부당거래〉에서 나온 대사 중에 이런 내용이 있더군요.

"호의가 계속되면 그게 권리인 줄 알아요."

우리 사회의 구석구석을 들여다보고, 마주치는 사람들을 보면 아직 우리가 다른 사람들에 대한 배려가 참으로 부족하다는 것을 느낍니다. 하지만 받아본 적이 없으므로 타인이 자신에게 베풀어주려는 호의에 도대체 어떻게 반응해야 할지 모르는 우리 주변의 많은 사람들이 호의에 불편함을 느끼는 것도 사실입니다.

먼저 호의를 담은 몸짓으로 누군가와 접촉해보세요. 호의의 손길을 먼저 내밀어보세요. 호의를 담은 나의 손길은, 누군가에게 더 큰 호의로 전달될 것이고, 누군가는 또 다른 누군가에게 더 큰 호의로 그 마음을 이어갈 것입니다. 이러한 호의의 접촉이 만들어가는 사랑의 파동은 우리의 마음을 사랑으로 채워주고, 우리가 함께 살아가야 하는 이 세상을 한결 밝게 만들어줄 겁니다. 그럴 수 있음을 믿습니다.

지하철 3호선 배려 천사

세상을 건강하게 바꿀 수 있는 아름다운 미덕, 배려는 마음으로부터 우러나오는 것입니다. 하지만 생활 속에서의 실천으로 그 가치는 발휘되며 변화를 이끄는 힘이 생깁니다. 있는 이가 없는 이에게 베푸는 기부나 봉사활동—송년 즈음에 반짝하는, 그런 행위들을 포함해서—도 배려의 행위입니다. 하지만 '배려'의 의도란 있음과 없음 이전, 마음의 본바탕에서 우러납니다. 다른 이를 존중하는 마음, 세상에 공존하는 모든 존재들과 함께하며 서로 나누고자 하는 마음, 아픔과 불편함은 나눔으로 덜 수 있다는 마음으로부터 옵니다. 그 배려의 실체가 궁금한가요? 얼마 전, 서울 지하철을 타면서 그런 아름다운 배려의 현장을 목격할 수 있었습니다.

지하철 3호선 출발역인 수서역에 지하철이 도착하고, 문이 열렸습니다. 문이 열린 지하철에 줄지어 기다리던 사람들이 우르르 올라탔고 저마다 자기가 앉을 자리를 찾았습니다. 나도 무심코 빈 자리에 앉으려고 보니까 지난 새벽, 어떤 만취자의 아름답지 못한 흔적이 있었습니다. 토사물을 누군가 치웠지만 그 흔적이 여기저기 남아 있어서 누구의 눈에도 거슬릴 수밖에 없었습니다. 나는 반사적으로 그 자리를 외면하고 바로 맞은편 한가운데 자리에 앉았습니다. 다음 정거장에서 또 사람들이 올라탔지만 사람들은 나와 마찬가지로 그 자리를 흘낏 보고는 모두 다른 자리에 가서 앉았습니다.

그 자리의 왼쪽 자리에 한 여자가 앉았습니다. 또 한 정거장이 지났습니다. 똑같은 풍경이 연출되었습니다. 사람들이 올라탔지만 사람들은 나와 마찬가지로 그 자리를 흘낏 보고는 모두 다른 자리에 가서 앉았습니다. 다들 외면하고 지나간 그 자리를 그 여자가 계속 물끄러미 쳐다보더니 가방을 열고 무언가를 꺼내들었습니다. 작은 화장품 샘플병을 먼저 꺼냈고, 휴지봉투를 뒤이어서 꺼냈습니다. 그리곤 휴지를 꺼내 화장품을 꾹꾹 적시더니 그 옆자리의 흔적들을 향해 손을 뻗어 꼼꼼히 하나씩 정성껏 닦아내기 시작했습니다.

바닥의 흔적이 없어진 뒤, 등받이의 흔적들도 어김없이 그녀의 손에 의해 깨끗하게 닦여졌습니다. 그 흔적으로 비어 있던 두 자리를 자신이 닦아줌으로써 힘들게 서서 갈 두 사람의 피곤한 몸을 쉬게 할 수 있지 않을까 하는 그런 그이의 이타심이 느껴졌습니다. 가방 속의 디

카를 꺼내 찍을까 하다가 멈췄습니다. 어떠한 보상이나 누군가의 칭찬을 바라는 의도가 전혀 없는 순수한 이타심의 발현이었을 그녀의 선행을 멈추게 하거나, 그녀가 불편한 마음을 느끼게 할 수 없었기 때문이었습니다. 나는 마음속으로 탄성을 지를 정도로 작은 감동을 느끼며 그저 가만히 바라보았습니다. 순간 몇 해 전 인터넷에서 자기가 데리고 나온 개의 변도 치우지 않아서 이름 붙여진 '개똥녀'가 떠올랐고, 저런 착한 행동을 보여준 저 아름다운 여인을 아무래도 '천사'라고 불러주어야 한다는 생각을 했습니다. 오랜 시간 공들여 닦는 동안 께름칙한 흔적들이 덕지덕지 남아 있던 그 자리는 어느새 깨끗해졌습니다. 그리고 그녀는 휴지를 뭉쳐 자신이 들고 있는 봉투에 담았습니다.

다음 정거장에 도착했습니다. 또 사람들이 우르르 올라탔습니다. 그 사람들 중 두 사람이 그 빈자리를 발견하고 반가운 듯 털썩 앉았습니다. 맞은편 자리에서 지금까지의 선행 장면을 그대로 지켜보았던 나는 그 천사녀의 얼굴을 다시 꼼꼼히 바라보았습니다. 한 사람의 진정한 아름다움이란 외형에서 평가되어질 수 있는 것 그 이상이라는 것을 그 천사녀를 바라보면서 느꼈습니다. 30대 초반쯤 되었을까, 수수한 모양새의 그녀 얼굴을 빛나게 하는 맑은 미소가 내 마음을 환하게 만들어주었습니다.

나와 눈이라도 마주쳤으면 가벼운 눈인사를 해주었을 것이었지만 그녀는 가만히 눈을 내려 가방을 들고 있는 자신의 손을 바라보고만 있었습니다. 그리고 두 정거장쯤 지나 교대역에서 살그머니 자리에서 일어나 내렸습니다. 나는 마음속으로 그녀에게 힘찬 박수를 보내주었고, 꼭 안아주었습니다. 그날 지하철 3호선에는 '천사'가 있었습니다.

이 세상을 아름답게 하는 이런 건강 천사들이 많아지길 기원합니다. 우리가 염원하는 건강 사회를 위해선 이런 배려와 존중의 사회적 접촉 미담들이 일상의 장면이 되어야 합니다. 그러한 배려의 실천은 바로 나로부터 시작되어야 합니다. 나의 배려행위로부터 건강 사회를 향한 접촉의 첫걸음이 내딛어졌다면, 이제 그 실현은 이미 절반은 이루어진 것입니다.

적당하게

적절한 때, 적절한 접촉

　모든 생명체의 치유는 그 개체가 지금-여기에서 어떠한 상태인가를 살펴보는 것에서부터 시작됩니다. 머물고 있는 그 상태에서 무엇이 문제가 되었는지 돌아봅니다. 건강한 생장에 부적합한 환경은 무엇인가, 조화와 균형을 깨뜨린 요인이 무엇인가를 찾아내어야 합니다. 그리고 그 단계에서 다시 건강한 생장을 이끌어낼 수 있도록 적절한 생장환경을 재구성해주는 것입니다. 구조적으로 혼자 설 수 없는 모양새로 변형이 되었다면 안전하게 지지해줄 수 있는 지지대를 곁들여주어서 혼자 설 수 있게 해주어야 합니다. 그러면 생물은 그러한 변화에 맞춰 '순응'하며 온전하게 건강한 생장을 하게 됩니다.

　사람의 치유도 마찬가지입니다. 오랜 경험을 통해 연륜을 갖춘 유능한 상담가 혹은 심리치료사는 모두 치유과정에서 내담자들의 상태를 지켜보며 적절한 때에 적절한 개입을 합니다. 마음의 문을 외과수술처럼 갈라내고 열어서는 절대로 안 됩니다. 반드시 자신의 의지에 의해서 스스로 열리길 기다려야 합니다. 성장과 발달의 어느 단계에서 '옹이'가 되어버린 자기 내면의 생채기들, 알고 있지만 생각하려고 하지 않았던 사건들, 풀 수 없다면서 덮어두었던 문제들을 접촉하면서 스스로 바라볼 수 있으려면 내 안의 참된 나인 '자아'의 힘을 키워주어야 합니다.

문제 상황을 다시 꺼내보고 직면하게 되더라도 견뎌낼 만할 때가 되어야 합니다. 그래야 치유는 속도를 내며 전개될 수 있는 것입니다. 그때까지 심리치료사들은 내담자의 내적 성숙이 이루어졌는지, 자아의 강도는 아픔을 견뎌내며 이겨낼 준비가 되어 있는지, 즉 여문 과실로 수확할 때가 되었는지를 보는 것이지요.

강한 것, 빠른 것이 좋은가

간혹 마음이 바쁜 사람들, 몸의 요구수준이 높은 사람들, 자극의 역치를 넘어서 감각적 만족의 강도를 키워보고자 하는 사람들은 즉효가 나타나는 좀 더 센 것, 좀 더 빠른 것을 찾습니다.

사람의 조작을 거쳐 자연의 순리를 거스르는 이즈음의 많은 인공적인 상품들, 치료법들이 그 요구에 맞추기 위해 줄지어 나오고 있습니다. 애매하고 불분명한 상황의 여러 문제들을 두뇌가 판단하고 결정하는 과정에 대하여 수학적으로 접근하려는 퍼지이론fuzzy theory 과 인공지능이론, 인간의 촉감을 대체할 수 있는 바이오센서biosensor 등의 신소재들이 바로 그런 데 쓰이고 있습니다. 하지만 인간의 접촉이 필요한 적절한 때와 지점을 기계가 감지하고 '적당하게' 대신해줄 수는 없을 겁니다. 인간의 감정적 요구와 생활의 필요에 부분적으로 대응해줄 로봇이 공상과학 영화에서처럼 곧 나오리라 생각합니다. 하지만 인간을 대신할 수는 없습니다.

아직 때가 되지 않은, 내가 감당할 수 없는, 그러한 센 것, 강한 것, 빠른 것과의 마주침은 '적절한 접점'이 될 수 없습니다. 그러한 과도한 자극과 양적 공세를 담아내고 감당하기에는 아직 너무 작기만 한 '나의 그릇'은 버티고 버티다 못해 깨지거나 그냥 밖으로 넘쳐흘러 나를 압도하여 더더욱 숨 막히게 만들어버립니다. 그런 부작용이 여기저기서 넘쳐나고 있습니다. 세상의 변화에는 모두 그때가 있고, 세상의 모든 사람에게는 각각 자기를 담을 수 있는 그릇이 있는데 말입니다.

세상의 이치를 다시 생각해봅니다.
과유불급 過猶不及.
지나침은 아무래도 부족함만 못합니다.

은근하게 접촉하고, 뜸들이듯 느낀다

우리 선조들은 그만큼 아이를 키우는 일은 물론이고, 사람이 사는 데 필요한 소중한 모든 것들에는 사람의 손길이 닿아야 한다는 것, 사람의 기운이 그만큼 중요하다는 것을 알고 있었습니다. 무작정 손길을 내미는 것이 아니라 '적당한' 때에 적절하게 손길이 가야 한다는 것 말입니다. 그것은 우리 선조들이 전통적인 생활 속에서 오랜 경험을 통해 얻은 진정한 삶의 지혜들, 촉각문화입니다.

농작물들은 농부의 발자국 소리를 들으며 큰다.

쌀 미*자에 여덟 팔八자가 두 번 있는 것처럼 한 알의 볍씨가 식탁에 오르기까지 88번의 농부의 손길이 닿아야 한다.

한옥의 나무 마루는 사람의 손길과 발길이 닿아야 윤기를 더하는 법이다.

위와 같은 전래 격언들처럼 우리의 전통적인 의식주 생활 전반에 그런 촉각문화가 깃들여져 있습니다. 먹는 것에서는 김치, 된장, 고추장, 막걸리, 홍어회, 젓갈과 같은 발효음식문화가 대표적입니다. 집에서는 구들과 창호문이 우리의 그런 은근한 촉각문화를 나타내는 풍습입니다. 그래서 한국인의 속성인 은근과 끈기도 고추장의 매운 맛, 천천히 데워지고 식는 구들과 같다고 언급하곤 합니다. 곰삭은 발효음식이 내는 독특한 냄새 때문에 다른 나라 사람들이 멀리한다고 생각하던 우리 음식들이 이제는 많이 찾는 음식으로 손꼽히고 있다는군요. 우리 밥상의 차림새도 정갈하게 바뀌어가면서 세계인들과 부쩍 가까워졌다는 것은, 우리 정서를 잘 알 수 있는 인사동이나 북촌이나 서촌 지역 음식점에서 잘 알 수 있습니다. 그들도 우리 음식의 은근한 맛과 건강에 유익한 효능에 공감하고 있는 거지요.

우리 음식문화에서 촉각을 강조하는 말은 '음식 맛은 손맛'이란 표현에 그대로 담겨 있습니다. 어느 나라 사람들이든 어머니가 집에서 만들어주는 음식에 대한 그리움을 지니고 있습니다. 그래서 서양인들도 크리스마스나 추수감사절과 같은 때에는 멀리 나가 있던 가족들이 집에 모여서 음식을 나눕니다. 음식을 만드는 데에 어머니의 정성이 깃드는 것은 동서양을 막론하고 다 같습니다. 사랑하는 가족이 먹는데 사랑을 담지 않을 어머니가 어디에 있겠습니까.

음식의 맛을 결정짓는 것은 재료와 기법도 중요하겠지만 더욱 중요한 것은 사랑과 정성을 담은 손길입니다. 손맛은 음식을 만드는 사람의 마음이 손길로 전해져 만들어진 음식의 맛입니다. 가족들을 모이게 하는 그 손맛에 어머니의 사랑이 담겨 있습니다.

우리 음식을 만드는 데에 많이 쓰이는 말이 '적당히'입니다. '적당히'라는 말에는 많은 것이 함축되어 담겨져 있습니다. 가풍, 음식을 나누는 사람들의 기호와 성향, 시절과 날씨, 어우러지는 식재료들과의 상호작용 등이 그런 것입니다.

경험으로 체득한 대물림의 지혜를 통해 자기 안에 형성된 '전체적인 밑그림'을 염두에 두고, 부분이 전체에 잘 어우러지도록 조화와 균형을 맞춰 가는 것입니다. 가마솥에서 누룽지가 적당히 나오는 맛있는 밥을 짓는 비법은, 주부의 오랜 접촉 체험을 통해 '적당히'라는 감각적 숙련에서 비롯된 은근하게 '뜸들이기'에 있습니다.

요즘 엄마들이 주부와 엄마 역할에 낯설어 하면서, 인터넷에서 음식과 육아 정보를 찾는 까닭은 그러한 접촉 체험을 해보지 않아서 두렵기 때문입니다. 음식을 만들면서 서로 다른 재료들이 잘 어우러져 맛과 기운이 잘 스며들고 맛의 상승작용을 일으켜 최적의 맛을 내는 '적당한 그때'를 경험으로 아는 것처럼, 아이를 건강하고 똑똑한 사람으로 사회적으로 쓸모 있는 잘 생긴 재목으로 키우기 위해서는 접촉의 훈련이 필요합니다. 아이의 상태와 반응을 살펴보면서 일관성 있게, '적당히' 조율할 수 있는 능력은 논리적 사고의 결과가 아니라 본능적인 반응입니다. 접촉을 통한 체험으로 내 몸과 마음에 깃들어져 있을 때, 온전하게 '내 것', 우리 가족의 맞춤비방이 나옵니다.

접촉의 울림,
세상을 바꾸다

사랑이 깃든 접촉

여운餘韻, 참 마음에 와닿는 말입니다. 어떤 일이 끝난 뒤에 아직 가시지 않고 남아 있는 느낌이나 정취, 떠난 사람이 남겨 놓은 '좋은' 영향이라니. 그러한 여운은, 어떤 대상과의 접촉체험이 음식을 먹고 난 뒤에 느낌으로 남은 뒷맛처럼, 입자인 우리 몸에 특정한 파동으로 깃든 기억입니다.

접촉에 대한 스토리텔링인 이 책의 여는 글에서 아버지 이야기로 시작했습니다. 한 손이 굳어버리신 아버지는 마음속 말씀을 다른 한 손으로 표현하셨습니다. 그 손으로 나를 맞아주셨고, 그 손으로 잘했다고 머리를 쓰다듬어주셨습니다. 또한 그 손으로 아버지를 잡아 일으켜 옮기면서 무수히 많은 포옹을 했습니다. 한 손으로 가로막혀 있긴 했지만 아버지가 아파 누워계시지 않았다면, 어쩌면 단 한 차례의 포옹도 없었을지도 모르는 접촉이었습니다. 그래서 아버지의 사랑을 기억하며 그 여운이 담긴 소중한 손을 세상에서 의미있게 써야 한다는 굳은 믿음이 있습니다.

> 손을 만져주시는데 손을 그냥 꼭 잡고 있고 싶다. 손이 참 예민하고, 섬세하구나, 몸의 곳곳에서 느껴지는 게 다르네 생각이 들면서 몸의 곳곳마다 각각의 자기 마음이 있는 게 아닐까 하는 생각이 들었어요. 손에는 손의 마음, 다리에는 다리의 마음…… 그런데 강렬한 느낌이 올 때는 내 마음에까지 연결되는 느낌이 들어요.[사례5. 2회차]⁴⁸

손에 대한 특별한 저의 접촉 체험과 마찬가지로, 우리 몸의 어떤 부분을 만지면 그 부분에 연결되어 있는 특정한 정서체험의 기억이 되살아나곤 합니다. 그것은 마치 기억의 실타래를 풀 수 있는 실마리와도 같다고 할까요. 느낌이 살아있는 사람이라면 누구라도 그런 감각의 여운을 떠올릴 수 있는 체험들이 있을 겁니다. 그 수많은 스토리텔링들을 펼쳐놓는다면 아마도 모두 큰 감동을 주는 드라마, 다큐멘터리들일 겁니다. 결혼식이 끝난 후 딸은 아버지와 포옹하면서 느꼈던 떨리는 가슴, 아버지의 눈물 한 방울을 평생 잊지 못합니다. 어렵고 힘든 결혼생활을 견디게 하는 힘이 아버지의 그 가슴으로부터 전해오는 여운에서 나옵니다. 옛날 우리나라 임금님이 만진 손을 평생 명주로 감고 다녔다는 이야기도, 접촉의 여운입니다.

인간의 삶에서 여운을 가장 크게 남기는 의식의 요소는 무엇일까 생각해봅니다. 《의식혁명 Power VS Force》을 쓴 데이비드 호킨스 David R. Hawkins 는 인간의 의식수준에서 가장 낮은 곳에 수치심·죄의식·무기력·슬픔을, 으뜸의 자리에 사랑과 기쁨 그리고 평화를 배치했습니다.

사랑에는 어떠한 장애물도 있을 수 없기에 '너와 나의 공존'을 가능하게 한다. 사랑이란 모든 것을 감싸 안고, 자아에 대한 인식을 확장시켜 준다. 사랑은 삶의 아름다움에 눈뜨게 하여 삶을 힘차게 긍정하게 한다.[49]

사랑의 마음을 순수하게 간직하고 있으면서, 모든 사람들에게 자신의 허물마저도 보여주는 진솔한 사람에겐 절로 머리 숙여지고 감동적인 떨림이 그대로 전해옵니다. 그래서 그런가 봅니다. 훌륭한 종교 지도자들이나 사랑 나눔을 몸으로 실천하는 사람들을 직접 보고 손을 맞잡았거나 손길이라도 스치면서 체험했던 사람들은 그 파동의 여운을 오랫동안 느끼고, 마음이 기쁨과 평화로움으로 가득했다고 말합니다.

예수의 옷깃을 만지거나 예수의 접촉으로 사람이 치유되었다는 이야기들이 성경에 나옵니다. 우리나라의 고 김수환 추기경을 비롯해서 달라이 라마, 간디, 마더 테레사와 같은 분들이 세상의 많은 사람들에게 감동을 주고, 그 여운으로 치유의 기적을 보여주고, 세상을 긍정적으로 바꾸는 파동의 힘을 보여준 '접촉의 위인'들입니다.

그동안 살아왔고, 앞으로도 오래오래 살아가야 할 우리 모두의 세상이 아름답기를, 우리 모두가 진정으로 행복할 수 있기를 바랍니다. 그런 세상을 만드는 것은, 사랑 나눔의 잔잔한 물결인 마음의 파동을 피부와 피부, 그리고 마음과 마음의 접촉을 통해 나누어주는 사람들입니다. 그것은 어느 몇 사람의 위인이나 특정한 어느 누구가 아닌, 이 세상을 함께 살아가야 할 당신과 나, 그리고 우리 모두입니다.

아름다운 공모, 위대한 합의

사랑은 우리의 진실한 본성을 표현하는, 근원적이며 보편적인 파동입니다. 사랑은 모든 치유의 근본이며 생명을 유지하게 하는 핵심 에너지입니다. 《사랑의 손은 치유의 손이다 Loving hands are healing hands》라는 책을 낸 미국의 신체심리치료사 브루스 버거 Bruce Berger 는 이렇게 말합니다.

> 교감 공명은 같은 궤적을 그리는 두 개의 파동이 서로에게 활력을 부여하고 상호 작용하면서 함께 진동하는 경향이다. 이처럼 삼라만상은 같은 길이와 주기를 지닌 파동끼리 서로 동조하고 영향을 미친다. 이것이 만물을 함께 묶어주는 힘의 역학을 이해하는, 에너지의 신성한 울림이라는 우리 몸의 이론을 이해하는 핵심이다.[50]

세상의 모든 물질이나 에너지는 입자로서의 성질과 파동으로서의 성질을 모두 지닌다는 생각을 물리학에서는 '파동과 입자의 이중성 wave-particle duality'이라고 합니다. '나'는 입자와 파동으로 존재한다는 것이지요. 입자와 파동으로 구성되어 있는 내 안에 웅크리고 있는 생명력을 일깨워 다시 불타오르게 하는 것은 누군가 내밀어주는 손길에서 전달되는, 사랑의 파동입니다. 그것은 내 마음의 여운의 파동과 마주하면서 부싯돌처럼 불꽃을 피워 생명력의 불씨를 만들고, 계속 이어지는 사랑의 손길은 그 불씨가 더욱 크게 타오르도록 하는 파동의 풀무질이 됩니다.

따라서 우리가 누군가를 돌보며 사랑이 깃든 손길로 접촉을 한다는

ⓒ이달희

것은, 세상을 바꾸는 사랑의 에너지 파동 발전소를 가동하고 있는 것과 마찬가지입니다. 내 안에서 이루어지지만 결국 우리 모두에게로 연결되는.

파동의 속성은 엇비슷한 진동수의 파동끼리 서로 끌어당겨 어울립니다. 같은 파동들이 어울려 내는 공명은 큰 울림으로 물결의 파문처럼 퍼집니다. 접촉을 통해 사랑의 파동을 퍼뜨리는 나눔의 의식, 이것은 우리 모두가 조용히 실천해나가야 할 아름다운 공모이며, 기쁨과 평화로움으로 모두가 행복할 수 있는 세상으로 바꾸는 위대한 합의입니다.

'인간이라는 동물이 인간답게' 살아가기 위한 그 '무엇'을, 접촉이라는 관점에서 풀어나간 여행을 마무리하면서 함께 손을 놓아야 할 때가 되었군요.

우리가 마주잡았던 그 손의 따뜻한 느낌이 오랜 여운으로 가슴에서 가슴으로 이어지길 바랍니다.

참고문헌 · 주

1. 이달희, 〈약손요법의 치유체험에 대한 질적 연구〉, 서울불교대학원대학교 석사학위논문, 2007, 71쪽.
2. Donn Saylor, Psychology of Human Touch, eHow Health.
3. 제6차 한국인의 인체치수조사사업(2010) 결과, 25세부터 49세까지 남성기준으로 팔꿈치 사이 너비 평균은 479mm. 여기에 옷 두께까지 고려했을 때는 평균 500mm는 되어야 일반인이 불편함을 느끼지 않는다. 실제 서울에서 운행되고 있는 지하철의 좌석 너비를 조사해 본 결과, 40년 전에 개통한 차량은 1인당 너비가 430mm, 최근 개통한 노선들도 평균 450mm 안팎이다.
4. 우리나라 자살률이 OECD 국가 중 8년째 1위. 통계청이 2012년 발표한 자료에 따르면 2010년 우리나라에서 자살로 사망한 사람은 15,566명으로 2006년에 비해 50% 가량 증가했다.
5. 게슈탈트 심리치료는 독일 출생의 정신과 의사 프리츠 펄스(Fritz Perls, 1893-1970)에 의해 탄생되었다. 개체를 여러 개의 심리적인 요소로 분할하여 분석하는 대신, 전체 장(field)의 관점에서 통합적으로 이해하고자 한 심리 치료법이다. 즉, 신체와 감각, 감정, 욕구, 사고, 행동 등을 서로 분리된 현상이 아닌, 하나의 의미 있는 전체로 본다.
6. 김정규, 《게슈탈트 심리치료》, 학지사, 1995, 55쪽.
7. 김정규, 앞의 책. 33-34쪽.
8. 김정규, 앞의 책, 61쪽. Resnick, R., In: R. L. Harman.(Ed.) Gestalt Therapy Discussions with the masters, Springfield: Charles C Thomas Pub, 1990. 재인용.
9. 김정규, 앞의 책, 65쪽.
10. 델시아 맥닐(Delcia McNeil), 《여성을 위한 바디워크 테라피(Bodywork therapies for Women)》, 조옥경 외 옮김, 학지사, 2006, 43쪽.
11. Ashley Montagu, Touching : The Human Significance of the Skin, Harper&Row, 1986, 261쪽.

12 크리스토퍼 피터슨(Christopher Peterson), 《긍정심리학 프라이머(A Primer in Positive Psychology)》, 문용린 외 옮김, 물푸레, 2010, 117쪽.

13 데비 샤피로(Debbie Shapiro), 《마음으로 몸을 고친다(Your Body Speaks Your Mind)》, 송순봉 옮김, 도솔. 2006, 157-180쪽.

14 이달희, 앞의 논문, 42-45쪽.

15 윌리엄 톰슨(William C. Compton), 《긍정심리학 입문(An Introduction to Positive Psychology)》, 서은국 외 옮김, 박학사, 2007, 46-47쪽.

16 컴퓨터의 기능 가운데 촉각과 힘, 운동감 등을 느끼게 하는 기술.

17 The Homunculus, based on Penfield's classic diagram, intropsych.com

18 미국의 아더 야노프(Arthur Janov)가 만든 정신적 외상 치료에 기반을 둔 심리치료. 신경증은 어린 시절 정신적 외상의 억압된 고통으로부터 일어난다고 주장하며, 어릴 적 받았던 고통의 기억을 되살려 그동안 억압된 상태로 잠재되어 있던 분노를 터뜨려줌으로써 정신적 안정을 찾게 된다고 한다.

19 데스몬드 모리스(Desmond Morris), 《인간의 친밀행동(Intimate Behaviour)》, 박성규 옮김, 지성사, 2003, 16쪽.

20 《성경》요나서 2장.

21 디디에 앙지외(Didier Anzieu), 《피부자아(Le Moi-peau)》, 권정아 외 옮김, 인간희극, 2008, 77쪽.

22 Field, T., Touch Cambridge, MA: MIT Press, 2003.
Field, T., Massage Therapy Effects, American Psychologist, 1998, 53, 12, 1270-1281.

23 Matthiesen, A. Ransjo-Arvidson, A., Nissen, E., & Uvanas-Moberg, K., Postpartum maternal oxytocin realease by newborns: effects of infant hand massage and sucking, Birth, 2001, 28, 1, 13-19쪽.

24 Scientists reveal the secret of cuddles, New Scientist, 2002년 7월 28일자.

25　Ernst Fehr, Oxytocin increases trust in humans, Nature 435, 2005년 7월 2일자, 673-676쪽.

26　페이스북과 개인 블로그 포스트에서 발견한 감동의 글. 출처 분명하지 않음.

27　Harlow, Harry F., The nature of love, American Psychologist, 13, 573-685쪽.

28　데이비드 월린(David J. Wallin),《애착과 심리치료(Attachment in Psychology)》, 김진숙 외 옮김, 학지사, 2010, 28-29쪽.

29　Matthew J. Hertenstein, Touch Communicates Distinct Emotions, Emotion, 2006, Vol. 6, No. 3, 528-533쪽.

30　추계자, 〈비언어적 의사소통 수단으로서 신체접촉 신호〉, 한국독일어교육학회지, 제18집, 2006. 236-237쪽.

31　코리안 스피릿, 2011년 6월 26일자.

32　Does Grandma Need a Hug? A Robotic Pillow Can Help, The New York Times, 2004년 11월 11일자.

33　김애란,《비행운》'큐티클', 문학과지성사, 2012, 226쪽.

34　한국동물매개치료복지협회(http://www.kaatwa.org).

35　김형경,《좋은이별》, 사람풍경, 2006, 204쪽

36　백선기, 〈광고에서의 性別役割의 표상과 그 이데올로기적 의미에 관한 시험적 고찰-광고에서 나타난 '접촉'표상의 의미와 해석을 중심으로〉, 광고연구, 통권11호, 1991년 여름호.

37　두 사람 사이의 공감적인 인간관계. 또는 그 친밀도. 특히 치료자와 환자 사이의 관계를 말한다.

38　이 기법은 내가 멕시코의 호세 실바가 창안한 '실바 마인드 컨트롤'을 강의할 때, 많은 사람들에게서 아주 강력한 효과를 체험하게 했다. 그리고 이것은 중국의 의료기공을 수련하면서 기(氣) 또는 에너지를 움직이게 하는 뜻이 있는 생각 의념(意念)의 힘과 같은 맥락이다.

39 데이비드 월린, 앞의 책, 13쪽.

40 T. George Harris, "Heart and Soul; Out on the Cutting Edge, Hard-nosed Researchers Study the Tie between Healthy Emotions and Stout Hearts," Psychology Today, Jan-Feb. 1989.

41 Bernie Siegel, Love, Medicine, and Miracles, Randomhouse, 1986, 180쪽.

42 Spiegel, D., et al. Effect of psychosocial treatment on survival of patients with metastatic breast cancer, The Lancet, 1989, 14: 888-91.

43 데스몬드 모리스, 앞의 책, 289쪽.

44 영국 BBC 인터넷판, 2012년 5월 22일자.

45 대커 켈트너(Dacher Keltner), 《선의 탄생(Born to be Good)》, 하윤숙 옮김, 옥당, 2011, 289쪽.

46 뇌의 가장 원시적인 부위이며 배고픔, 갈증, 성욕의 만족을 추구하는 부위.

47 Dalai Lama, The Dalai Lama's Book of Transformation.

48 이달희, 앞의 논문, 46쪽.

49 데이비드 호킨스(David R. Hawkins), 《의식혁명(Power VS Force)》, 이종수 옮김, 한문화, 2006, 87쪽.

50 리처드 고든(Richard Gordon), 《퀀텀터치(Quantum Touch)》, 서강익 옮김, 아름드리미디어, 2005, 31쪽.

닿는 순간
행복이 된다

초판 1쇄 인쇄 2012년 11월 12일   초판 1쇄 발행 2012년 11월 23일

지은이 이달희
펴낸이 연준혁

출판 6분사 분사장 이진영
편집 정낙정 박지숙 박지수 최아영   제작 이재승

펴낸곳 (주)위즈덤하우스   출판등록 2000년 5월 23일 제13-1071호
주소 (410-380) 경기도 고양시 일산동구 장항동 846번지 센트럴프라자 6층
전화 (031)936-4000   팩스 (031)903-3895
홈페이지 www.wisdomhouse.co.kr   전자우편 wisdom6@wisdomhouse.co.kr
종이 월드페이퍼   인쇄·제본 (주)현문

ⓒ이달희, 2012
값 13,800원   ISBN 978-89-5913-710-7 03810

- 잘못된 책은 바꿔드립니다.
- 이 책의 전부 또는 일부 내용을 재사용하려면 사전에 저작권자와
  (주)위즈덤하우스의 동의를 받아야 합니다.

국립중앙도서관 출판시도서목록(CIP)

닿는 순간 행복이 된다 / 이달희 지음. — 고양 : 위즈덤하우스, 2012
  p. ;   cm

ISBN 978-89-5913-710-7 03810 : ₩13800
한국 현대 문학[韓國現代文學]

818-KDC5
895.785-DDC21   CIP2012005113